De OpenAI-speeltuin verkennen: Creativiteit ontketenen met AI.

De OpenAI-speeltuin verkennen: Creativiteit ontketenen met AI.

Door: Aaron Cockman
Serie: "Slimmere strategieën voor moderne bedrijven"
Versie 1.1 ~maart 2025

Gepubliceerd door Aaron Cockman op CDP

Inhoudsopgave.

INLEIDING.

Kunstmatige intelligentie is een van de snelste gadgets die de technologische wereld heeft ontwricht. In de loop der tijd hebben nog maar weinig andere innovaties deze snelheid en deze dreunende, echte buzz gehad. De toekomst die eerder sciencefiction leek, ligt binnen handbereik om opnieuw te definiëren hoe we denken, creëren en navigeren in onze wereld.

OpenAI, een van de guerrillaleiders op het gebied van AI-onderzoek en -ontwikkeling, heeft de superrekenkracht van kunstmatige intelligentie zo gedemocratiseerd dat je de ongenaakbare kracht ervan kunt gebruiken met gewoon een pc.

Dus hoe begin je zelfs maar je tenen in de wateren van deze grensverleggende technologie te dompelen?

Hoe kom je verder met de GPT-3 en GPT-4 zonder een razende gek van complexiteit te worden?

Dat is precies waar ik je zal helpen met dit boek: Exploring the OpenAI Playground.

De OpenAI Playground is een interactieve ruimte waar iedereen, of je nu ontwikkelaar, kunstenaar, schrijver, ondernemer of gewoon een AI-enthousiasteling bent, kan spelen met nieuwe modellen van OpenAI. In essentie is het een zandbak waar je kunt experimenteren met ideeën, de respons van AI zoals die voor je ligt kunt aanpassen en geweldige dingen kunt maken, allemaal on the fly. Er is geen technische expertise nodig.

De Playground is een thuis voor iedereen; of je nu een nieuw artikel wilt schrijven, je automatisering wilt verbeteren of technisch wilt worden met het genereren van code, de Playground is er voor jou. Maar een duik in de afgrond van OpenAI is overweldigend. Wanneer tools in overvloed aanwezig zijn in diepte en breedte, vraag je jezelf af, wat doe ik nu bij OpenAI? En daarom bestaat dit boek.

We verkennen de OpenAI Playground en laten zien hoe je het volledige potentieel ervan kunt ontsluiten met leuke en toegankelijke tutorials. Maak je geen zorgen;

dit is een praktische gids voor avonturiers, geen saaie technische handleiding.

Voor iedereen die een chatbot wil bouwen, een AI-applicatie in elkaar wil zetten of zich wil verbazen over hoe cool de vooruitzichten zijn in het konijnenhol van machine learning in Exploring OpenAI Playground, ben je onderweg mijn trouwe metgezel.

De kern van dit boek is een ervaring over het worstelen met OpenAI-modellen en ontdekken hoe open en geavanceerd ze zijn. Dat zul je snel genoeg zien; er zijn eindeloze mogelijkheden. Je kunt een AI bouwen voor het schrijven van een gedicht, productbeschrijvingen of alles wat te maken heeft met complexe besluitvorming.

Wil je AI ontwikkelen als assistent voor je web- of mobiele applicatie? Het ligt voor het grijpen. Als beginners in deze Playground helpen we je om zonder technische achtergrond direct in de AI-wereld te stappen.

In dit boek doorlopen we alles wat je moet weten over de interactie met de modellen van OpenAI, van het leren van de basis van tekst tot het invoeren van complexere technieken zoals prompt crafting en code generatie.

We bespreken hoe je AI reacties kunt afstemmen op jouw smaak, welke instellingen en parameters je moet proberen en hoe je AI toepassingen kunt maken die er toe doen met hun kolossale functionaliteit. Maar daar houdt dit boek niet op; we zullen je ook inspireren om je voor te stellen wat AI hierna gaat doen en ervoor zorgen dat je een beeld krijgt van wat er aan de horizon ligt, de volgende golf van innovaties.

De OpenAI Playground is een universum van mogelijkheden. Of je nu een nieuwsgierige newbie bent, een ontwikkelaar die meer wil leren, of een ondernemer die AI wil gebruiken voor je zakelijke behoeften, de Playground biedt oneindig veel mogelijkheden.

Aan het einde van dit boek kun je een goed begrip verwachten van hoe je kunt experimenteren met AI-stromen, hoe je ze kunt afstemmen op jouw behoeften en hoe je kunt streven naar wat onmogelijk lijkt. Je zult het boek verlaten met een krachtig gevoel, omdat je hebt gespeeld met geavanceerde technologie die leuk, bevredigend en veel toegankelijker is.

Dus wat ben je aan het doen? OpenAI Playground is maar een paar klikken van je verwijderd. Met ons eerste experiment gaan we naar de oneindige horizon van Kunstmatige Intelligentie.

HOOFDSTUK 1: OVERZICHT VAN DE OPENAI SPEELTUIN.

De OpenAI Playground is je beste vriend. Het is een gebruiksvriendelijk, krachtig platform waarmee zowel amateurs als professionals kunnen spelen met de geavanceerde AI-modellen van OpenAI (GPT-3 en 4, mijn huidige favorieten).

Het is een zandbak waar je AI live kunt testen als een mens. Je kunt kunstmatige intelligentie in realtime vragen stellen en manipuleren om reacties op te bouwen, tekst te genereren of aangepaste toepassingen te maken zonder te coderen. Het is een plek bedoeld om creatieve en innovatieve ideeën te inspireren.

Of je nu een student, een ondernemer, een ontwikkelaar of zelfs een leek bent die geïnteresseerd is in AI, Playground geeft je alles wat je nodig hebt om te spelen en de ware kracht van het AI-model te onthullen. Je kunt poëzie en zelfs essays schrijven, conversationele chatbots maken of oplossingen coderen in slechts een paar klikken. Laten we hieronder de functies verkennen:

A. Kenmerken OpenAI Playground.

1. Gebruiksvriendelijke interface.

OpenAI Playground is gebouwd voor de gewone man. De lay-out is rechttoe rechtaan en de informatiestroom is eenvoudig, wat leidt tot een gebruikerservaring die een van de meest toegankelijke is voor zowel beginners als gevorderden. Op Playground krijg je een tekstveld met voorbeelden van wat kan worden ingevoerd en de AI-gegenereerde antwoorden in bijna real-time.

2. Verschillende AI-modellen.

Een van de meest indrukwekkende dingen van de Playground zijn de verschillende GPT-3 en GPT-4 OpenAI-modellen waartoe je toegang hebt. Verschillende modellen hebben verschillende sterke punten.

GPT-3 is bijvoorbeeld erg goed in het schrijven van tekst die menselijk klinkt, en GPT-4 geeft je reacties die dicht bij de werkelijke waarheid en nuance liggen. Je kunt wisselen tussen experimenten en modellen met wat het beste werkt voor je einddoel, of dat nu creatief technisch debuggen, copywriting of het programmeren van een AI-assistent is.

3. Aanpasbare parameters.

Met OpenAI Playground kun je AI-gedrag aanpassen met aanpasbare parameters. Je kunt bijvoorbeeld de temperatuur aanpassen voor een meer creatieve of resultaatgerichte AI.

Tunes bepalen de lengte van de respons van de AI; max tokens en top p/frequency penalty worden ook gebruikt met output diversiteit en repetitiviteit. Door deze parameters te gebruiken, kun je de uitvoer van de AI aanpassen aan jouw taal, bijvoorbeeld informeel gebabbel, formele schrijfsels of zeer strenge code.

4. Prompt Engineering.

Dit is waar Prompt Engineering om de hoek komt kijken, een van de belangrijkste dingen in de Playground. Goede prompts zorgen voor geweldige reacties; hoe beter je prompts, hoe hoger de reacties. Je kunt verschillende manieren proberen om je verzoeken te formuleren en zien hoe de output van het model verandert.

Een samenvatting van een boek levert misschien iets anders op dan een "kort overzicht". Je kunt ook nauwkeurigere en meer gerelateerde AI-uitvoer ontgrendelen met betere aanwijzingen voor taken, van alles tot technische details, waardoor je de aanbeveling krijgt om volwaardige code te schrijven.

5. Interactieve codering en ontwikkeling.

Binnen de Playground is een OpenAi's Codex model geïntegreerd, zodat je code kunt schrijven en uitproberen, zoals het programmeren van directe talen als Python en JavaScript. Deze functie is handig voor wie een AI-toepassing wil maken of dingen wil automatiseren. Je kunt een AI om stukjes code vragen, een AI debuggen en zelfs volledige programma's genereren.

6. Real-Time Samenwerking.

De Playground is een geweldige samenwerkingstool waarmee je je sessies met anderen kunt delen. Dit wordt gebruikt in de real-time samenwerkingsfunctie van de Playground wanneer je met een groep ideeën brainstormt, een project bouwt met een buddy of je resultaten deelt met de digitale wereld; je maakt het naadloos en geeft elkaar feedback.

7. Toegang tot documentatie en ondersteuning.

De speeltuin geeft ook een hand-out voor wie nieuwsgierig is. Als je het type bent om zelf aan de slag te gaan en je te verdiepen in de technische kant, dan heb je OpenAI documentatie.

Deze bevat handige gidsen, tutorials en how-to's over hoe je het meeste uit het platform kunt halen. Aangezien OpenAI ook een betrokken ondersteuningsgemeenschap heeft, kan deze helpen bij het oplossen van problemen of om dingen verder te brengen.

B. Openai account en toegang tot de speeltuin.

Een OpenAI account aanmaken en toegang krijgen tot de speeltuin is niet zo moeilijk als gedacht. Het maakt niet uit of je een oude tch geek bent of een beginner in AI, volg deze stappen en in een mum van tijd speel je met de krachtige modellen van OpenAI.

Stap 1: Uw OpenAI-account aanmaken.

De eerste stap die je moet doen is naar de OpenAI website gaan.

1. Bezoek de OpenAI webpagina: typ openai.com in uw browser en druk op Enter

2. Aanmelden → De eerste stap op de startpagina is om op een aanmeldingsvak te klikken. Typ 'Sign Up' om je bestaande account in te voeren; als je er een hebt, log dan in met je inloggegevens.

3. Voer de vereiste informatie in: Naam, E-mailadres en Wachtwoord. Kies een sterk wachtwoord voor veiligheidsdoeleinden.

3. E-mailverificatie: Je ontvangt een e-mail nadat je het OpenAI formulier hebt ingevuld. Ga naar inbox en klik op de verificatielink om je account te verifiëren.

Oké! Je hebt een OpenAI account en kunt nu met Playground spelen.

Stap 2: Toegang tot de Playground.

Nadat je account is aangemaakt en je bent ingelogd, is het vinden van de OpenAI Playground een fluitje van een cent. Volg deze stappen om Playground te openen en te beginnen met spelen:

1. Inloggen: Als je nog niet bent ingelogd op openai.com, log dan opnieuw in met je gloednieuwe account en referenties.

2. Ga naar Playground: Vanaf hier is er een link naar de Playground in je bovenste menu na het inloggen. Het wordt vaak een Playground genoemd. Klik erop en je komt terecht op het Dashboard van Playground.

3. Leer de interface: De Playground is het fascinerende deel van alles. Er is een groot tekstvak in het midden. Hier voert u uw aanwijzingen in. Bovenaan is een volledig menu om instellingen af te stemmen en het model te wijzigen.

Stap 3: Het Dashboard begrijpen.

Als je voor het eerst in de Playground komt, zie je een overzichtelijk en eenvoudig dashboard. Laten we snel de onderdelen bekijken die we moeten behandelen:

1. Prompt Box: Dit is de ruimte voor Kunstmatige Intelligentie om je aanwijzingen te lezen. Je kunt het

vertellen dat het een verhaal voor je moet maken, vragen moet beantwoorden, code moet genereren, enzovoort, of alles moet doen wat je wilt testen.

2. Modelkeuze: Net onder de prompt box heb je de optie om te kiezen welk OpenAI model (bijv. GPT-3, GPT-4) je wilt gebruiken. Je kunt beide modellen voor de lol gebruiken, taken uitvoeren en ontdekken hoe ze reageren op verschillende niveaus van geavanceerdheid.

3. Parameters: Tegenover het promptvak rechts vind je temperatuurparameters, max tokens en meer (veranderbaar). Deze instellingen geven de AI die je gebruikt de ruimte om te bewegen en snel meer (of minder) smaak/succes/taakgericht te maken als dat nodig is.

4. Playground heeft voorbeelden en sjablonen: Je hoeft niet te weten wat je moet doen als je vastloopt of wat voorbeelden wilt. Die zijn geweldig voor nieuwe mensen of om inspiratie op te doen.

Stap 4: Je ervaring aanpassen.

In de speeltuin is een van de coolste dingen van AI met heldensystemen het aanpassen van de uitvoer die door de AI wordt gegenereerd. We zullen een aantal instellingen doorlopen waarmee je je interacties kunt aanpassen zodat ze het beste passen bij wat je nodig hebt:

- Temperatuur: Dit is hoeveel de AI zou afwijken van het rechte pad omdat het de AI creatiever/minder voorspelbaar zou maken. Een lage temperatuur (bijv. 0,2) produceert een meer rechtlijnige en deterministische reactie, terwijl een hoge (bijv. 0,8) resulteert in een relativistische onvoorspelbare oplossing.

- Tokens: Hoe machines verder kunnen gaan in de respons van AI. Je kunt dit lager instellen als je alleen een kort antwoord wilt, maar als je een uitleg wilt, verhoog dan het aantal tokens.

- Aanvulling en Frequentie Penalty: Dit helpt bij het tweaken van je antwoorden voor een betere mix van diversiteit en relevantie.

Stap 5: verkennen, leren en experimenteren

Uw account is ingesteld en de speelplaats is live, dus ga aan de slag! Een van de beste dingen aan OpenAI Playground is dat het is gebakken om je dingen te laten uitproberen. Begin gewoon met het typen van je prompts, pas de instellingen aan en laat je creativiteit de vrije loop. Als je vastloopt, zijn er veel bronnen en sjablonen om je te helpen.

Je zou nu alles moeten hebben ingesteld in je OpenAI account en toegang moeten hebben tot de Playground.

HOOFDSTUK 2: OPENAI MODELLEN (BIJV. GPT-3, GPT-4, CODEX)

OpenAI heeft een familie van modellen gemaakt, elk goed voor verschillende dingen. Als je slim bent, kan de Playground je helpen het meeste uit je gegevens te halen. Als je van creatief schrijven houdt, technische problemen oplost of code genereert, kunnen verschillende modellen je helpen om beter te worden. We zullen de drie belangrijkste modellen onderzoeken: GPT-3, GPT-4 en Codex.

a. GPT-3: De creatieve krachtpatser.

Generative Pre-trained Transformer 3 (GPT-3) is een van de bekendste en meest gebruikte modellen van

OpenAI. Het is getraind op een verzameling boeken, websites en andere publiek toegankelijke tekst.

Met zijn grote trainingsgegevens kan GPT-3 verbazingwekkend goede algemene tekst maken voor bijna elke taak, hoe saai of ingewikkeld je ook bent.

Belangrijkste functies van GPT-3:

- Tekstgeneratie: Perfect voor creatief schrijven, inhoud genereren en ideeën brainstormen. Als je een essay moet schrijven of een sonnet of concept voor een andere onderneming moet componeren, GPT-3 is er!

- Conversational AI: het is ook fantastisch voor chatbots omdat de conversatie natuurlijk is. Met dit model kun je echt over allerlei onderwerpen praten.

- Flexibiliteit: met 175 miljard parameters (het geheugen van het model) kan GPT-3 zijn output aanpassen aan verschillende tonen, stijlen of instructies. Het kan gebruikt worden voor formele taken en schrijven op een niet-serieuze manier in een live stijl.

GPT-3 is geweldig, maar kan ook gebreken hebben. Het kan soms met resultaten komen die een beetje repetitief klinken of een zeer niche onderwerp verkeerd begrijpen (maar gelukkig niet zodanig dat het onderscheidend is). Dat is waar GPT-4 om de hoek komt kijken.

b. GPT-4: De verfijning gaat verder.

In aanvulling op wat GPT-3 kan doen, verbetert en bouwt GPT-4 verder aan algemeen begrip. In tegenstelling tot GPT-3 (175 miljard parameters) is GPT-4 een nog zwaarder model, waardoor het betrouwbaarder en generieker is voor zwaardere taken.

Hoogtepunten van GPT-4.

- Beter begrip: GPT-4 kent veel meer geavanceerde onderwerpen en expliciete instructies diepgaand. Het is veel beter in context over langere chats of multi-step taken en is een duidelijke winnaar in toepassingen die echt diepgaand begrip vereisen.

* Correct en betrouwbaar: Het zal minder fouten maken en meer gepaste antwoorden geven, vooral over specifieke gebieden, domeinen of controversiële discussies. GPT-4 heeft meer gelijk dan jij in de mate

dat het een discussie beter volgt, of we het nu hebben over oude wetenschap of filosofie.

- Toegenomen originaliteit: GPT-4 integreert ook met creatief werk zoals verhalen vertellen, gedichten en technische inhoud. Het heeft verfijnde redeneercapaciteiten zodat het creatiever kan zijn met meer gevarieerde output.

Het toegevoegde niveau van verfijning vertaalt zich gewoon naar GPT-4 als het hulpmiddel bij uitstek wanneer er meer nauwkeurigheid of zeer specifieke kennis nodig is. Dezelfde nauwkeurigheid en, nog belangrijker, precisie zijn nuttig voor zakelijke toepassingen, educatieve inhoud, professioneel schrijven, enz.

c. Codex: De codeerexpert.

We hebben het over GPT's in algemene taalmodellen...GPT-3 en GPT-4. Het bedrijf heeft deze keer ook een Codex-model gemaakt voor programmeergerelateerde taalmodellen. Je kunt taken uitvoeren waarbij je moet coderen.

Codex is gebaseerd op de architectuur van GPT-3 en is slim geprogrammeerd om verschillende programmeertalen te begrijpen en te coderen.

Belangrijkste kenmerken van Codex:

- Code genereren: Je kunt Codex vragen om stukjes code, functies of hele applicaties te genereren vanuit een natuurlijke taal. Als je een web app of een Python script wilt maken of iets wilt automatiseren met behulp van een automatiseringstool, ga dan op instructies van het brein naar de codebase want daar is Codex.

- Ondersteuning voor meerdere talen: Codex is gecodeerd door iemand die code kan lezen of schrijven in vele programmeertalen (respectievelijk Python, JS, Java, Ruby/en andere). Dit maakt het super polyglot voor ontwikkelaars die op twee of meer verschillende platformen werken.

- Code debuggen: Codex kan ons helpen bij het analyseren. Het zal je vertellen waar het fout gaat, zelfs als de code gebroken is of als je gewoon wilt weten of je invoer kan produceren wat je wilt met een aantal foutmeldingen. Het kan een grote tijdsbesparing zijn voor ontwikkelaars, vooral bij het debuggen van complexe dingen.

Codex is verbluffend, maar het is de ideale toepassing voor mensen die al een beetje kunnen coderen. Het kan het ontwikkelproces efficiënter maken, hoewel mensen nog steeds nodig kunnen zijn om te valideren dat de code doet wat het moet doen.

Het juiste model voor u selecteren.

Als je de modellen van OpenAI voor het eerst gebruikt, weet je al snel niet meer welke je voor welke taak moet gebruiken. Rustig maar! Als je de voor- en nadelen van de modellen kent, kun je gemakkelijk beslissingen nemen en binnen de kortste keren deze resultaten behalen. Dus, hoe kies je het model dat van toepassing is op jouw taak?

1. Creatief schrijven en inhoud genereren: Ga voor GPT-3 of GPT-4.

Als het je taak is om tekst te schrijven, of dat nu een blogbericht, proza of bijschrift voor sociale media is, dan zijn GPT-3 en vooral GPT-4 de juiste keuze. Deze modellen worden gevoed met een enorme hoeveelheid tekst en zijn uitstekend in het maken van mensachtige taal.

Als je breed opgezette inhoud wilt schrijven [GPT-3], kun je het gebruiken om concepten te genereren, blogposts te maken en zelfs om een tot nadenken stemmende dialoog te maken voor een script. GPT-3: Uitstekend voor alles wat verder gaat dan zware technische details of diepgaand begrip.

GPT -4 voor meer detail/complexiteit indien nodig. Dit is heel goed als je iets schrijft dat niet veel diepgang en nuance nodig heeft, maar zelfs dan zou ik proberen om niet alles zo laag mogelijk te schrijven.

Beide modellen zijn prima voor meer creatieve of fijnkorrelige taken, zoals poëzie of het vertellen van verhalen, maar GPT-4 is waarschijnlijk rijker en gevarieerder, waardoor het beter geschikt is voor complex of hoog niveau schrijven.

2. Coderen en programmeren: Codex kiezen

Voor programmeertaken zoals het schrijven van code (indien van toepassing), debuggen of het maken van een softwaremodel, is Codex het juiste model. Codex (Model gewijd aan programmeren en getraind om natuurlijke taal over programmeermetaforen te begrijpen; kan worden gebruikt voor het genereren van code)

- Code genereren: Codex is geweldig in het nemen van een low-fidelity concept en het volledig uitschrijven in werkende code. Vraag Codex om een functie in Python of een webapp te maken en je ontvangt binnen enkele seconden brokjescode.

- Foutopsporing: Als je wordt geconfronteerd met een fout in je code, komt Codex je helpen. Je vertelt wat het probleem is met het stukje code waar je mee zit, en Codex geeft je oplossingen die je hopelijk effectiever maken in het oplossen van fouten.

Codex is perfect voor ontwikkelaars, of je nu een complete noob bent die triviale dingen wil automatiseren of een gevorderde codeur die een wegversperring in zijn meesterwerk tegenkomt. Hoe dan ook, het bedraden van Codex levert de beste resultaten op als je een beetje weet hoe je moet programmeren, omdat het je doet geloven dat je een technisch persoon bent.

3. Complexe of gespecialiseerde onderwerpen behandelen: Gebruik GPT-4.

GPT-4 is de taakmethode die diepgaande domeinkennis of ingewikkelde gegevens vereist. Het verbetert GPT-3 in het parsen van lange ketens van complexe instructies en kan omgaan met rijke gegevenspunten.

- Gespecialiseerd: GPT-4 kan nauwkeurige en contextbewuste inhoud bieden over geavanceerde wetenschap, geneeskunde of smalle technische domeinen, van biotech tot cybernetica. Het is uitstekend geschikt voor onderwijs- en onderzoeksmateriaal of om moeilijke concepten eenvoudig uit te leggen.

- Consulting en brainstormen: GPT-4 is een van de beste voor complexe projecten en brainstormen over ideeën. Grafentheorie is een eenvoudig te begrijpen wiskundig begrip, maar voor complexe projecten. GPT kan je helpen bij het ontwerpen van een meerstappenplan, het produceren van belangrijke drijfveren of het zoeken naar details van problemen die GPT-3 zal bestrijden.

Voor taken die nauwkeurigheid of precisie vereisen, vooral bij professioneel of academisch gebruik, is GPT-4 het model. Goed wanneer je het schrijven op een hoger niveau wilt brengen (hoog, gemiddeld, technisch).

4. Gespreks-AI en klantenondersteuning: GPT-3 of GPT-4.

GPT-3 en GPT-4 zijn geweldig met conversationele AI, of het nu gaat om chatbots, klantenserviceassistenten of virtuele helpdesks. GPT-3 is goed voor de gemiddelde vraag en eenvoudige conversatietaken, maar GPT-4 blinkt uit bij langere conversaties of complexere probleemoplossing.

- GPT-3 werkt voor eenvoudige interacties, waarbij de AI veelgestelde vragen moet beantwoorden of gebruikers moet verwijzen naar relevante documentatie. Het werkt ook heel goed in klantenservice-scripts en snelle antwoorden.

- Voor meer genuanceerde gesprekken of personalisatie is GPT-4 nodig (d.w.z. de AI interpreteert realtime gebruikersinput, geeft genuanceerd advies en een langere dialoog).

5. Voor alles daartussenin: Begin met GPT-3 en experimenteer.

Bij twijfel is GPT-3 een goed referentiemodel. Het is veelzijdig, eenvoudig te gebruiken en kan in veel domeinen worden gebruikt. Als je GPT-3 gebruikt om tekst te produceren, vragen te beantwoorden of een proces te automatiseren, dan doet het dat op zijn besnorde manier.

Als je bent opgewarmd met Playground, kun je verschillende taken uitproberen om te zien of GPT-4 je extra paardenkracht waard is of dat Codex een hulpmiddel is voor gespecialiseerde wapens.

De keuze van het model voor je taak komt neer op weten waar elk model in uitblinkt. Inhoud genereren is waar GPT-3 in past, terwijl GPT-4 je Soft Skills Content Science is, terwijl Codex de programmeermeester is. Door het juiste model te kiezen voor jouw specifieke use case, kun je profiteren van OpenAi's tech stack en doen wat je wilt om de wereld te veroveren.

HOOFDSTUK 3:
EXPERIMENTEREN MET
MODELLEN OP HET
SPEELPLEIN.

OpenAI Playground is een prachtige plek om te rommelen en te sleutelen aan verschillende AI-modellen. Als beginner of op elk ander niveau van expertise in het gebruik, is het een heerlijke en bevrijdende ervaring om met deze modellen te spelen en te zien hoeveel ze kunnen. Dat is precies waar ik je doorheen zal leiden en waarom het een fantastische start is om de magie van AI te ontketenen.

1. Kies je model.

Zoals eerder besproken, begint je experimenteerreis met het kiezen van het model waarmee je later gaat spelen. Met Playground kun je kiezen uit verschillende modellen, bijvoorbeeld GPT-3, GPT-4 en Codex. Elk model heeft zijn eigen kenmerken, daarvoor moet je de taak kiezen:

- GPT-3: ideaal voor creatief schrijven, algemene tekstgeneratie en ongedwongen gesprekken

- GPT-4 voor taken die meer specificiteit en conceptuele duidelijkheid vereisen, zoals technische teksten of instructies.

- LLM (Codex) komt weer in beeld omdat het code genereert die perfect is voor programmeerwerk.

Nu je je model hebt gekozen, laten we aan de slag gaan en het zijn ding laten doen!

2. Stel uw parameters in.

Daarna pas je je beproeving aan door de parameters te doorlopen. Hiermee pas je de parameters aan totdat je controle hebt over hoe het model zich gedraagt, wat belangrijk is om te krijgen wat je wilt.

- Temperatuur: Deze afstemming beïnvloedt de creativiteit en willekeurige reacties die het model zelf mij zal geven. Het verhogen van de temperatuur (0,8 tot 1) maakt het model meer out-of-the-box en gek. Als je de temperatuur verder verlaagt (dichter bij 0), worden de antwoorden van het model smaller en deterministischer. Experimenteer hiermee om de toon en creativiteit van het model te zien veranderen.

- Max aantal tokens: De maximale reactielengte die het model zal uitspugen. Pas deze instelling aan als je een langere en meer gedetailleerde respons wilt. Het kan lager als je een kort, duidelijk antwoord wilt.

- Top P (nucleus sampling) - bepaalt de diversiteit van het antwoord door de mogelijke antwoorden te beperken. Dat wil zeggen, een hogere waarde (bijv. 0,9) geeft het model meer opties om uit te kiezen en levert een gevarieerder antwoord op, terwijl een lager getal het model laat kiezen voor het meest waarschijnlijke volgende woord uit de context.

Speel met deze instellingen om te zien hoe het model antwoorden geeft en kijk of je het dichter in de buurt kunt krijgen van wat past bij jouw gebruikssituatie.

3. Probeer verschillende prompts.

Een van de leukste manieren om te ervaren waar een model toe in staat is, is door te spelen met prompts. Een prompt is gewoon het plakken van de informatie die je aan het model gaat geven zodat het je een antwoord kan geven. Als je prompt specifieker en gedetailleerder is, zal de output gerichter en nauwkeuriger zijn. Begin met een eenvoudig probleem en maak het dan moeilijk.

- Eenvoudige vragen: Begin met het stellen van eenvoudige vragen aan het model, zoals "Wat is de hoofdstad van Frankrijk?" of "Vertel me een mop.". Dit zal je helpen begrijpen hoe het model antwoorden laat vloeien.

- Creatieve Prompts: Schrijf meer creatieve Prompts, zoals "Leg een verhaal vast over draken bakken". Laat het een bizarre marketingslogan schrijven voor een nieuw milieuvriendelijk product. Het model is ongelooflijk creatief in het genereren van ideeën en het uiten van die creativiteit!!!

- Technische voorbeelden: Als je Codex of GPT-4 gebruikt, kun je ook testen met technische aanwijzingen. Bijvoorbeeld: "Schrijf een Python script om die lijst met getallen te sorteren," of "Geef me een eenvoudige mogelijke definitie voor kwantumfysica.

Het model spuwt tekst die qua moeilijkheidsgraad vergelijkbaar is met je vraag. Hoe meer je speelt met de verschillende prompts, hoe meer je zult leren hoe en wat te gebruiken voor jouw use case.

4. Antwoorden bekijken en aanpassen.

Bekijk na het genereren van het antwoord hoe goed het model het heeft gedaan. Oké. Het antwoord was wat je wilde. Was het uniek of grafisch/aantaltechnisch voldoende?

Wees niet bang om je vraag te herzien of de rest aan te passen als het antwoord niet helemaal goed is. Misschien moet je de instructies verder uitwerken, meer informatie geven of instellingen in de modelarchitectuur wijzigen voor een nauwkeuriger of creatiever antwoord.

5. Verbeter uw controle met systeemberichten.

Je kunt systeemberichten (OpenAI Playground) gebruiken om de AI te instrueren hoe hij zich moet gedragen. Dit zijn de commando's. Je geeft het model deze commando's voordat het een reactie genereert.

Je kunt bijvoorbeeld de toon van het gesprek voorschrijven en alles trechteren tot een enkele formele reactie of een model opdracht geven om zich als een bepaald personage te gedragen. Systeemboodschappen kunnen je in de juiste richting sturen om het soort antwoord te krijgen dat je nodig hebt, of dat nu serieus, ontspannen of grappig is.

6. Sla uw experimenten op en deel ze.

Vergeet niet om tijdens het uitproberen voortdurend op te slaan! Met de Playground kun je experimenten maken, opslaan en delen met andere gebruikers. Dit is vooral handig als je van plan bent om je experimenten later nog eens te bekijken of om je resultaten aan vrienden of collega's te laten zien.

De Playground is een goede empowerment tool waarmee je kunt spelen met wat AI kan doen op een eenvoudige, transparante en leuke manier. Of je nu gewoon voor de lol aan het spelen bent, uitzoekt hoe je een betere prompt kunt schrijven of meer gecompliceerde cook-ups doet, je kunt creatief aan de slag en zien hoe de modellen van OpenAI op meerdere manieren werken.

Je zult leren spelen met de verschillende prompts, alles verfijnen door de tussenliggende modellen in een reeks te tweaken en te verkennen, en dan langzaam beginnen met het spelen met het enorme potentieel van AI.

HOOFDSTUK 4: UW ERVARING AANPASSEN MET PROMPT ENGINEERING.

Prompt engineering is essentieel geworden bij het gebruik van OpenAI-modellen zoals Hugging Face Transformers (GPT-3, GPT-4). Kort gezegd is een prompt de sleutel tot het ontsluiten van de volledige kracht van AI.

Als je inhoud wilt schrijven, vragen wilt beantwoorden of wilt programmeren, is het krijgen van de prompt de helft van het gevecht als het gaat om hoe ver deze dingen je zullen brengen. In dit hoofdstuk wordt de basis uitgelegd om te beginnen.

Wat is prompttechnologie?

Op zijn eenvoudigst is prompt engineering het creëren van input (prompts) waarop de AI werkt om de best mogelijke output te krijgen. Dit komt neer op weten hoe je met het model moet interageren, hoe je zulke vragen stelt en wat je context moet geven zodat het model kan beantwoorden wat we nodig hebben. Hoe beter je prompt, hoe nauwkeuriger de hoeveelheid relevante en bruikbare antwoorden die de AI zal geven.

Waarom is het belangrijk?

Open AI-modellen zijn zeer krachtig, maar weten dit niet tenzij je het ze laat zien via je opdrachten. Met een slechte prompt kun je vage en niet-helpende of onjuiste antwoorden van het model te zien krijgen. Prompt engineering om de manier waarop je met het model omgaat te temperen om de gewenste resultaten te krijgen.

Door prompt engineering te oefenen, ga je:

- Doelgerichter, preciezer en betere antwoorden krijgen

- Tijd besparen doordat er minder "follow-ups" nodig zijn

- Het creatieve vermogen van AI stimuleren voor zaken als schrijven, brainstormen of het produceren van ideeën.

Belangrijkste elementen van een goede Prompt.

Onthoud een paar dingen bij het schrijven van je prompt als je wilt dat het taalmodel de beste resultaten levert.

1. Schets het: Wat wil je precies? Schets vage, ongedefinieerde prompts zoals "Vertel me iets interessants". Dit levert over het algemeen antwoorden op die je kunt tegenkomen door je wensen te specificeren: "Bespreek een interessant feit over ruimteverkenning."

2. Context: Geef de context zodat het model weet hoe het verwacht wordt. Dus, als je het model vraagt om een verhaal te schrijven, zal het veel beter zijn als je het het genre of enkele personages in gedachten vertelt, zoals "Bedenk voor mij een spannend verhaal gebaseerd op astronauten en planeten". Je kunt bijvoorbeeld zeggen: "Maak een sci-fi verhaal van 30 seconden over een jonge astronaut die een nieuwe planeet vindt.

3. Prototype: Instrueer het model expliciet over je gewenste output. Als je bijvoorbeeld een lijst met ideeën nodig hebt, vraag daar dan om in de vorm van een lijst: "Schrijf vijf manieren op om mijn nieuwe app meer bekendheid te geven." Het expliciet vermelden van je gewenste format zorgt ervoor dat het model doorzet en resultaten geeft in het door jou gewenste format.

4. Toon en stijl: Zeg gewoon wat je wilt, bv. formeel of informeel, of specificeer zelfs het type toon (het antwoord moet informeel maar grappig zijn, enz.). Een kleine aanpassing zoals "Schrijf dit in een informele schrijfstijl" of "Geef dit formeel." kan essentieel zijn.

5. Beperkingen: Andere keren wil je misschien dat je model zich gedraagt volgens een paar beperkingen. Je kunt bijvoorbeeld een woordlimiet aangeven of vragen om een samenvatting: "Belangrijkste punten in 100 woorden of minder" of "in 3 zinnen".

Voorbeelden van goede en slechte prompts

Om een eenvoudig idee te geven van hoe goede prompts eruit zien in tegenstelling tot minder goede:

Voorbeeld 1:

Slechte prompt: "Vertel me over geschiedenis."

Het is te vaag en kan antwoorden met een zeer algemeen antwoord.

Goede Prompt: "Schrijf een korte samenvatting van 150 woorden over de Amerikaanse Burgeroorlog.

Dat is expliciet en gedefinieerd met een schets van de lengte versus het onderwerp.

Een ander voorbeeld:

- Slechte vraag: "Maak een gedicht."

Er ontbreekt een doel en het wordt waarschijnlijk een algemeen, ongericht gedicht.

- Goede opdracht: Schrijf een rijmend gedicht over het thema van de schoonheid van de natuur met bos en rivier

Nu weet het model welk gebied, type en elementen nodig zijn voor het antwoord op maat.

Experimenteer en verfijn.

Wat ik zo leuk vind aan prompt engineering is dat het een proces is van leren door fouten. Hoe meer je rotzooit met unieke aanwijzingen, hoe beter je begrijpt wat het model wel en niet leuk vindt aan verschillende instructies. Wees niet terughoudend met het opschonen van je aanwijzingen, het veranderen van de levering of het verder uitwerken ervan. Het model gaf je niet wat je nodig had, dus verander je prompt en ga van daaruit verder.

Tips voor verfijnen.

1. "Prompts met een rol: Vraag het model om een rol te spelen, die in een conversatiestijl wordt uitgevoerd. Bijvoorbeeld: "Je bent een personal trainer. d.w.z. maak een trainingsplan voor een beginner.

2. Keten van gedachten: Wanneer het model in stappen moet denken, gebruik dan een hint om het model te vragen het te doorredeneren (bijvoorbeeld: "Hoe los je een wiskundeprobleem stap voor stap op?").

3. Gebruik meerdere aanwijzingen: Voor complexere taken heb je misschien een reeks aanwijzingen nodig. Je kunt vervolgvragen toevoegen die voortbouwen op eerdere antwoorden en leiden tot een beter antwoord door voort te bouwen op wat er is gezegd.

Prompt engineering is een briljant hulpmiddel om te gebruiken, zodat je de kracht van OpenAI-modellen kunt benutten. Prompt engineering opent de deur naar een universum van creativiteit, probleemoplossing of automatisering dat je kunt ontsluiten met beknopte maar betekenisvolle en contextrijke prompts. Probeer je prompts eens op een andere manier, kijk naar de resultaten en geef de AI een ketting om dezelfde dingen te doen als jij.

HOOFDSTUK 5: PARAMETERS DIE DE UITVOER BEÏNVLOEDEN (TEMPERATUUR, MAX TOKENS, ENZ.)

Wanneer je OpenAI modellen zoals GPT-3 of GPT-4 gebruikt, is wat je ontvangt als output gebaseerd op je prompt en een uitkomst die sterk beïnvloed wordt door enkele van de volgende belangrijke parameters: de outputs.

De temperatuur en max tokens (top_p, enz.) zijn slechts enkele van de andere parameters die beïnvloeden hoe dit model (of een vroegere of huidige state-out-GPT) zal reageren, dus ze geven je knoppen voor stijl, creativiteit en lengte. Door deze parameters te leren, kunt u uw resultaten beter afstemmen op uw vereisten.

1. Temperatuur.

De temperatuurparameters bepalen het ontwikkelingsvermogen en de buitenschaal van deze modelinstantie. De temperatuur ligt tussen 0 en 1.

- Lage temperatuur (0,0- 0,3): Door de temperatuur te verlagen, gaat je model in de determinismemodus. Het zal het volgende woord selecteren met de hoogste waarschijnlijkheid in de context. Goed in het genereren van feitelijke, nauwkeurige of vraag-getal-gebruikende taken, d.w.z. het beantwoorden van vragen en het maken van enige inhoud (bijv. hypothesen)

-Hoge temperatuur (0,7-1,0): Als de temperatuur hoog is, wordt het model creatief (en minder kieskeurig, waardoor het minder onwaarschijnlijk wordt om die prachtige, minder waarschijnlijke, meer semantisch diverse antwoorden te kiezen). Dit is handig voor het verzinnen van verhalen, gewoon een idee, of wanneer je echt een nieuw perspectief wilt.

Als je bijvoorbeeld de productbeschrijving opvraagt, levert een lagere temperatuur een directere en professionelere beschrijving op. Maar voor iets creatievers en leuks zou een hogere temperatuur iets fantasierijkers opleveren.

2. Max tokens.

Max tokens geven aan hoeveel tokens (woorden, delen van woorden of leestekens) zijn toegestaan voor een antwoord van dit model. Tokens kunnen zo kort zijn als woorden (bijv. a) of meerdere woorden, bijv. conversatie.

- Kortere maximum tokens: De uitvoer zal kort zijn door de maximale tokens te beperken (50 of minder). Perfect voor: je wilt alleen een beknopt antwoord of een samenvatting.

- Hogere max tokens: Het model kan complexere en uitgebreidere antwoorden maken als je hogere max tokens definieert (500 of meer). Gebruikt voor het schrijven van essays, lange inhoud of expressieve uitleg.

Onthoud dat het model stopt bij de maximale tokenlimiet (prompt + voltooiing); configureren! Als je een lang tekstantwoord wilt, geef dan een geschikte limiet!

3. Top_p (Nucleus Sampling)

Top_p is een andere vorm om de diversiteit in de modelrespons te beperken. In plaats van vrij te kiezen uit alle mogelijkheden, beperkt top_p de selectie tot de meest waarschijnlijke woorden, maar introduceert desondanks onvoorspelbaarheid.

- Lage top_p [0,1-0,3]: Met een lagere instelling voor top_p richt een deel van het model zich alleen op de meest waarschijnlijke uitkomsten, waardoor de antwoorden voorspelbaarder, gerichter en conservatiever worden.

- Hoog Top_p (0,5-1): Een hogere top_p zorgt voor een meer diverse en creatieve respons. Het model heeft meer opties om uit te kiezen, waardoor het gevarieerde uitkomsten produceert.

Een van de schoonheden van top_p is dat het werkt met de temperatuur om in te stellen hoe conversationeel of formulaïsch je reacties moeten zijn. Voor een gebalanceerde hoeveelheid creativiteit zonder over de top te gaan met willekeurigheid, is top_p iets voor jou.

4. Frequentie Penalty.

Frequentie Penalty: dit beïnvloedt het gemak waarmee het model denkt dat andere woorden zullen worden herhaald in dezelfde reactie. Deze parameters kunnen tussen 0 en 2 liggen.

- Penalty lage frequentie (0,0 -0,5): Het model heeft de neiging om woorden te herhalen, dus deze instelling staat herhaling van woorden toe, wat handig kan zijn als je iets genereert waarbij herhaling werkt (bijvoorbeeld poëtische structuren of coupletten in muziek).

- Hoge frequentie (1.0-2.0) - Deze parameter straft het model voor het herhalen van woorden of zinnen. Perfect voor wanneer je variatie nodig hebt in de antwoorden, je introduceert een klein element van willekeurigheid om niet helemaal door te slaan in de uitvoer, vooral bij langere uitvoer.

Gebruik een hogere frequentie penalty om ervoor te zorgen dat het model een woord niet hergebruikt, maar het een beetje verandert met iets nieuws bij het genereren van de antwoorden.

5. Aanwezigheidspenalty.

Aanwezigheidspenalty: werkt vergelijkbaar met de frequentiepenalty, die het model aanspoort om variantwoorden of -ideeën te genereren, maar in plaats daarvan oververvuiling met herhaalde onderwerpen of thema's vermijdt. Deze gaat ook van 0 tot 2.

- Lage Aanwezigheid Penalty (0.0-0.5): het model zal meer resultaten geven met de initiële prompt en zal niet veel vooruit gaan.

- Hoge Aanwezigheidspenalty (1,0-2,0): Deze instelling activeert het verkennen van nieuwe onderwerpen en ideeën. Het is goed om te gebruiken als je wilt dat het model meer gevarieerde inhoud produceert of voorkomt dat het meteen in één ruimte valt.

6. Stop sequenties.

Stop sequenties zodat je het model kunt vertellen om te stoppen met het produceren van tekst. Dit laatste is uitstekend voor reacties waarbij een eindige zin of woord het einde moet markeren (d.w.z. binnen een dialoog gestructureerde inhoud). U kunt een (of meerdere) stopsequenties instellen om ervoor te zorgen dat het model niet volledig ontspoort.

Als je bijvoorbeeld een verhaal aan het maken bent, zou je een stopsequentie kunnen schrijven, iets als "Het einde", voor het geval dit verhaal de hele nacht doorgaat.

Zodra deze parameters de output van het model beïnvloeden, kun je je reacties een andere mindset geven. Of je nu creatieve verhalen, korte antwoorden of technisch schrijven maakt, het veranderen van de token temperatuur en top_p parameters kan tweaken hoe de AI zich gedraagt. Veel plezier met al deze instellingen en ontdek wat voor jou werkt bij het gebruik van OpenAI-modellen. Hoe meer je probeert, hoe meer je ze allemaal zult ontgrendelen.

HOOFDSTUK 6: AANGEPASTE PROMPTS MAKEN VOOR SPECIFIEKE RESULTATEN.

Met OpenAI modellen zoals GPT-3 of GPT-4 is de truc om de perfecte respons te krijgen vooral het injecteren van je aangepaste prompts.

Aangepaste promptinvoer: Een aangepaste invoer die het model vertelt om een uitvoer te spuwen in de vorm die jij wenst.

Leren hoe je aangepaste prompts maakt, zal de waarde van de resultaten exponentieel verhogen, ongeacht hoe je inhoud creëert (geen woordspeling bedoeld), een oplossing bedenkt of specifieke behoeften hebt.

Met OpenAI kun je reageren en je tekst aanpassen op basis van WAT je vraagt (de kracht van context en instructies). Je kunt je aanwijzingen afstemmen om het model bepaalde taken te laten uitvoeren, stemmen karakteriseren of in meerdere stijlen of formaten schrijven. Zo maak je een aangepaste prompt voor de gewenste resultaten.

1. Wees duidelijk en beknopt.

De eerste stap bij het maken van een prompt is precies definiëren wat je wilt. Brede prompts = brede resultaten, dus wees zo specifiek als nodig is of de taak/het resultaat dat u probeert te bereiken. De manier om een model de exacte lijst met blogpostideeën over fitness te laten zien, is een vrij eenvoudige prompt: "Bedenk ideeën voor fitnessblogs", maar met context kan dat beter.

In plaats daarvan, "Geef 1/10 breakeven unieke blogpostonderwerpideeën rond fitness (beginnersvriendelijk, krachttraining, gezond eten, enz.)". Dit is veel explicieter en duidelijker en geeft het model een idee van iets dat meer doelgericht en gerelateerd is.

2. Verwachtingen over uitvoerformaat.

Een van de andere belangrijke onderdelen van aangepaste prompts is het model vertellen hoe je het antwoord gestructureerd wilt hebben. Of je nu op zoek bent naar een lijst met opsommingstekens, een samenvatting of een volledig essay, als je het model een duwtje in de goede richting geeft, zullen de resultaten die je hier krijgt aanzienlijk verbeteren.

Bijvoorbeeld voor een productbeschrijving: "Maak voor mij een productoverzicht van 150 woorden van een duurzame yogamat (Hij is gemaakt van milieuvriendelijke materialen en de eigenschap van duurzaamheid dynamiet. Dit is precies voor het soort (beschrijving), het aantal woorden (150) en de focus (groen, duurzaam-dynamiet).

Je kunt zeggen: "Schrijf een dialoog tussen twee vrienden over hun reisplannen. De ene vriend is super enthousiast, terwijl de andere zich zorgen maakt over creatief schrijven/dialoog.

3. Toon | Pas je stijl aan.

De toon en stijl van de output zijn alles. Soms wil je een meer formele en professionele reactie, en andere keren wil je misschien iets meer casual of humoristisch. De toon aanpassen kan zo simpel zijn als een paar woorden in je prompt gooien.

Je kunt de toon zelfs zo aanpassen:

"Stel een professionele e-mail op naar je klant met als onderwerpregel "Bedankt voor de aankoop" herinnering en vraag of dat nodig is.

- Promotionele ClickBait / "Net gelanceerde" ijssmaak: "tweenty yanda twittah".

- Een zaak bepleiten voor een afgestudeerde student.

Met een bepaalde toon in gedachten, of die nu formeel, vriendelijk, grappig of motiverend moet zijn, kan het model zijn antwoord aanpassen aan jouw eisen.

4. Doe enkele suggesties of beperkingen.

Dit leidt tot het beperken van het model en het verwijderen van rommel uit het resultaat. Als je bijvoorbeeld wilt voorkomen dat je model voortaan bepaalde woorden herhaalt om bepaalde thema's te benadrukken of alleen beperkt wilt zijn in lengte, dan geven die details het model een idee waar het zich op moet richten.

Bijvoorbeeld:

- "Schrijf een op van 200w over hoe dagelijks wandelen geen oefening is, maar goed genoeg."

- Ontwikkel een productiviteitsverhogend proces in 5 stappen van elk maximaal 50 woorden.

Deze extra beperkingen moeten je uiteindelijk de meest relevante en gerichte output opleveren. Je kunt verdere instructies geven zoals "gebruik drie opsommingstekens" en "schrijf positief".

5. Gebruik rolgebaseerde prompts.

Een techniek voor het genereren van aangepaste prompts is het toewijzen van een model aan een bepaalde rol. Dit helpt de AI om te denken en te schrijven zoals een expert in zijn/haar vakgebied zou moeten doen. Je zou het model kunnen vragen om in dit scenario te werken als een "voedingsdeskundige" of als een tutor wanneer je wat educatief advies nodig hebt en anders als een bedrijfsconsultant.

Voorbeelden:

- (Als professionele kok) Maak een 30+ onder groente en veganistisch dinerrecept voor mij.

- Schrijf als CRM-strateeg de blauwdruk op voor het verbeteren van teamsamenwerking in een virtuele omgeving.

Deze methode helpt bij het produceren van meer hoffelijke en passende antwoorden om te garanderen dat het model levert wat werd verwacht.

6. Verfijn en experimenteer.

We gaan ambachtelijk itereren door aangepaste prompts te maken. Het is mogelijk dat je niet altijd meteen krijgt wat je wilde, maar je doet niets verkeerd! Als je kijkt naar wat het model heeft opgeleverd, bedenk dan welke verbeteringen je kunt aanbrengen. Context? Meer begeleiding? Anders heeft het een andere vibe!

Als je bijvoorbeeld een vage productbeschrijving vraagt, bewerk dan je vraag door meer specifieke feiten over je product toe te voegen.

-specifieke kenmerken zoals wie deze app zal gebruiken of vergelijking met concurrenten.

Immers, elke keer dat je verschillende dingen probeert, maakt het je model alleen maar bewust van hoe dat model reageert op bepaalde input. Als je verhalen verzint, aan problemen werkt of nieuwe ideeën bedenkt, zorgen aangepaste aanwijzingen ervoor dat je controle hebt over de output die je krijgt. Begin rudimentair, wees eerlijk en verbeter je prompts na verloop van tijd, en je zult sneller en beter produceren wat je nodig hebt.

HOOFDSTUK 7: GPT-3 EN GPT-4 IN DE KUNST VAN TEKSTGENERATIE.

GPT-3 (Generative Pretrained Transformer 3) en GPT-4 waren (en zijn nog steeds) de oorspronkelijke supermodellen die door OpenAI werden gegenereerd in een verbazingwekkende reeks modellen.

Deze gespecialiseerde modellen zouden in staat moeten zijn om mensachtige tekst te begrijpen en te genereren op basis van wat hen werd ingegeven. Ze beantwoorden vragen, schrijven essays, genereren verhalen van woorden tot een brij van onzin, maar voeren ook gesprekken over moeilijke onderwerpen.

1. Schaal en grootte.

GPT-3 en GPT-4 zijn grootschalig. Neem bijvoorbeeld GPT-3, dat 175 miljard parameters heeft - het is waarschijnlijk het grootste AI-model dat er bestaat. Dit zijn de interne configuraties die het model leert.

Tegelijkertijd leidt het trainen en hebben van meer parameters meestal tot hogere patronen in het begrijpen van de kracht van een model en het produceren van nauwkeurigere uitvoer.

GPT-4 gaat nog een stap verder en heeft op alle punten meer parameters, wat zich vertaalt in een nog beter gevoel voor subtiliteit en nuance en het vermogen om ook complexe taken aan te kunnen. Door de enorme schaal kunnen ze op hun beurt meer context opslaan over een groter deel van de tekst (10.000 woorden) en uitgebreide antwoorden produceren die een laag van verfijning toevoegen.

Een van deze schalen is waarom de tekst een les is in natuurlijk en organisch aanvoelen op het niveau van deze modellen (tenminste voor wat ze kunnen).

2. Contextueel begrip.

Diep in de context, in tegenstelling tot eerdere AI-modellen, die trefwoordmatching gebruiken of alleen regel-voor-regel patroonherkenning met GPT-3, en verdorie, GPT-4, serieus. Ze nemen dus niet alleen de laatste woorden die je hebt geschreven of de meest recente invoer op, maar ALLE CONTEXT van het gesprek/de vraag. Daardoor kunnen ze meer doelgerichte en samenhangende antwoorden geven, mogelijk zelfs voor ingewikkelde taken of taken die uit meerdere stappen bestaan.

Stel dat je GPT-3 en GPT-4 een vraag stelt waarbij ze zich iets moeten herinneren van eerder in dat gesprek, zodat ze de context kunnen volgen en die kennis kunnen bijwerken in wat ze zeggen. De mogelijkheid om context te "onthouden" en te gebruiken zorgt ervoor dat praten met deze modellen vloeiender aanvoelt dan eenvoudig zoeken, en het verschil komt naar voren in hoe ze met elkaar omgaan.

3. Flexibel en aanpasbaar.

GPT-3 en GPT-4 doen ook een van de beste dingen: Ze bieden aanzienlijke flexibiliteit. Deze modellen zijn goed in het uitvoeren van elke taak die je ze toewerpt, zonder dat ze helemaal opnieuw hoeven te trainen. Ze kunnen veel, van essays en verhalen schrijven tot wiskundeproblemen oplossen of coderen.

De manier waarop ze worden getraind geeft ze deze flexibiliteit. GPT-3 en GPT-4 zijn voorgetraind op grote hoeveelheden tekstgegevens van het internet, waaronder boeken, sites en teksten in het algemeen.

Hun algemene blootstelling zorgt ervoor dat ze over bijna alles kunnen schrijven, of het nu gaat om wetenschap/kunst/geschiedenis/technologie, etc., waardoor ze zeer algemeen zijn. Ze worden niet voor elke taak getraind; ze moeten nieuwe input krijgen en in-fase output produceren.

4. Mensachtige tekstgeneratie.

Het meest indrukwekkende van GPT-3 en GPT-4 is echter hoe ze bijna mensachtige tekst kunnen produceren. De modellen zijn niet slechts "spitters" van zinnen of zinnen die een specifiek patroon volgen.

Ze hebben een relatief geavanceerde kennis van taalstroom, cadans en taalgebruik. Deze modellen kunnen antwoorden genereren die de gewenste toon en stijl ondersteunen, of het nu formeel klinkt als een zakelijke brief, nauwelijks geschreven blogpost, of creatief een kort verhaal stroomt.

Doordat het model eigenaar is van de transformatorarchitectuur, kan het ver vooruit kijken in tekst. Ze kunnen helpen met nog ingewikkelder concepten van woorden, zinnen en zinnen die ze aanleren. Het leidt dus tot tekst die niet alleen correct en syntactisch is, maar ook meeslepend en relateerbaar.

5. Hyperparameter tuning en aanpassing.

GPT-3 en GPT-4 zijn krachtig intuïtief in hun algemene mogelijkheden, maar ook generiek specifiek genoeg opgeleid dat ze kunnen worden verfijnd of aangepast voor veel dingen.

Stel bijvoorbeeld dat je een specifiek project aanpakt, zoals juridische documenten of medische teksten. In dat geval kun je het model verfijnen zodat het beter lijkt op de taal en woordenschat die in die vakgebieden worden gebruikt.

Als maatwerk is toegestaan, zijn deze modellen nog krachtiger, wat betekent dat het gemakkelijk is om aan hardcore atomaire vereisten te voldoen, terwijl de essentie van algemene tekstgeneratie behouden blijft. Deze flexibiliteit betekent dat je GPT-3 en GPT-4 voor alles kunt gebruiken, van hulp bij het schrijven van een ladder tot professionele domeinspecifieke taken.

6. Actief leren en iteratie.

GPT-3 en GPT-4 kunnen hun antwoorden herzien op basis van wat ze achtereenvolgens uit de input halen.

Met andere woorden, je kunt heen en weer communiceren met het model om betere output te maken.

De reactie die uit het model komt kan dus behoorlijk ver verwijderd zijn van wat je wilde - je kunt je instructie herformuleren of verfijnen en het model zal zijn ding opnieuw doen. Door dit dynamische en interactieve leren zijn deze modellen enorm handig voor gebruikers die inputs willen testen om te zien of ze overlopen of doodgaan.

Over het geheel genomen onderscheiden GPT-3 en GPT-4 zich in schaalbaarheid, contextbegrip, veelzijdigheid en mensachtige tekstgeneratie. Deze modellen zijn niet alleen maar actie - ze kunnen converseren, evolueren en kwaliteitsinhoud produceren voor meerdere onderwerpen of opdrachten.

De GPT-3 en de GPT-4 onderscheiden zich door hun pure creativiteit (samen met een tegenhanger van eenmalige vloeiendheid) als het gaat om het schrijven van automatisering of het oplossen van moeilijke problemen die je in gedachten hebt en het maken van fascinerende gesprekservaringen.

Als je je verdiept in deze modellen krijg je een glimp te zien van het oneindige potentieel op de grens tussen AI en mensachtige cognitie, terwijl we onderzoeken wat er kan zijn en die grenzen dagelijks verleggen. Het automatiseren van tekstgeneratie in GPT-3 en GPT-4 is niet de toekomst; het is eerder de evolutie van intelligente, interactieve systemen die meer aanvoelen als vrienden dan als hulpmiddelen.

HOOFDSTUK 8: EEN CHATBOT BOUWEN MET CONVERSATIONAL AI.

De dagen van een vergezochte chatbot die zinvol met je kan praten zijn voorbij; dankzij grote stappen in kunstmatige intelligentie (AI) is het nu haalbaar en binnen handbereik.

Dankzij de nieuwste ontwikkelingen op het gebied van kunstmatige intelligentie (AI), van het bouwen van een chatbot voor de klantenservice tot een onderhoudende gesprekspartner of een productiviteitsmaatje, is het nog nooit zo makkelijk en toegankelijk geweest om conversationele AI te bouwen.

Dus, hoe bouw je een chatbot en wat is er nodig om overtuigend te zijn (voor een paar maanden)?

Neem dit proces stap voor stap en bekijk de belangrijkste elementen die een AI-chatbot conversationeel en nuttig maken.

1. Bepaal het doel van je chatbot.

Voordat je je gaat verdiepen in technische details, moet je de fundamentele taak van een chatbot definiëren. Je kunt een chatbot vragen laten beantwoorden van de klantenservice, een aantal navigatievragen voor een website, algemene vragen met betrekking tot iets anders of gewoon gevraagd worden voor entertainment!!!

Het is belangrijk om erachter te komen wat je hoopte dat het doel zou zijn toen je dit creëerde, en van daaruit zal de CHATBOT Stijl in toon en taal worden bepaald door de antwoorden die het geeft.

2. Kies het juiste platform en de juiste tools.

Nu je het doel hebt gedefinieerd, kun je de tools en platforms kiezen die je chatbot tot leven zullen brengen. Vandaag de dag zijn er veel opties, maar twee fundamentele benaderingen kunnen worden waargenomen in de praktijk.

Regel Chatbots: Dit soort bots zijn gebaseerd op een aantal regels en antwoorden. Met een script werken ze het best voor eenvoudige, duidelijke interacties. Een bot die bijvoorbeeld veelgestelde vragen stelt, is regelgebaseerd omdat hij zal blijven zoeken naar sleutelwoorden in de invoer van de gebruiker en een antwoord zal geven uit een database waarin het antwoord is geladen.

- Chatbots met GPT: AI-bots die antwoorden genereren met behulp van geavanceerde GPT-3- of GPT-4-modellen. Wanneer ze dit doen, analyseren ze een grotere verscheidenheid aan zoekopdrachten en kunnen ze dit doen in plaats van starre regels te volgen. Dit is perfect voor je als het verhaal meer conversatiegericht moet zijn en complexe / zeer springerige conversaties aankan.

Dialogflow, Rasa en Botpress zijn slechts enkele platforms waarmee je eenvoudig spraakgestuurde AI-chatbots kunt verbinden via een website of mobiele applicatie en sociale media. Diensten zoals OpenAI's GPT-modellen bieden toegang tot uitstekende NLP, waardoor je chatbots kunt ontwikkelen met een goede mensachtige dialoog.

3. Conversaties en reacties ontwerpen.

Om je chatbot interessant en ongedwongen te houden, moet je conversationeel werken, zoals het ontwerpen van. Hoe een gebruiker de bot zal aanspreken en wat menselijke reacties moeten zijn, samen met natuurlijke blikken.

Eerste stap: Maak hier een lijst van de meest voorkomende gebruikersvragen en reacties. Een bot moet de vraag kunnen begrijpen als een gebruiker bijvoorbeeld vraagt: "Hoe laat zijn jullie open?" en antwoorden met het juiste antwoord: "We zijn open van maandag tot vrijdag, van 9 tot 17 uur. Hoe zit het met complexe vragen? Wordt de gebruiker gevoelig?

AI-modellen, bijvoorbeeld GPT-3, kunnen de intentie van een bericht van een gebruiker interpreteren en begrijpen, waardoor meer contextbewuste antwoorden worden gegeven. De chatbot is geen hard gecodeerd script en kan contextbewustere antwoorden geven. Je zou kunnen zeggen, "Het spijt me echt om te horen dat je zo overstuur bent. Dus laat me je daarmee helpen!" Gebruik wat meer one-tone maar wel menselijk en toegankelijk.

4. Train je Chatbot.

Het trainen van een chatbot, of je nu een regelgebaseerde of AI-gebaseerde oplossing gebruikt, is de sleutel tot een substantieel deel van het proces. Voor regelgebaseerde bots betekent dit het configureren van vooraf gedefinieerde reacties en het maken van beslisbomen voor elk mogelijk gesprekspad.

Chatbots die gebruik maken van AI moeten worden getraind op grote datasets zodat het model leert hoe het moet reageren op verschillende scenario's. Het is misschien moeilijk, maar dit proces is niet altijd even eenvoudig.

Het kan moeilijk zijn, maar dit proces is van fundamenteel belang voor het vergroten van de kennis van je bot en de output voor 'few-shot learning' van modellen zoals GPT-3 in AI-chatbots (bijv. gezondheidszorg, technische ondersteuning, enz.). De bot zal complexer en gepolijster worden in het reageren op elk gegevenspunt en elke interactie in het model.

6. Testen en itereren.

Het bouwen van een conversationele AI is een iteratief proces. Zodra uw bot is gebouwd, moet u deze grondig testen. Interactie met de bot op een manier die een gebruiker in staat stelt om te zien of hij goed kan reageren en helpen. Vraag alles wat je kunt krijgen in diversiteit om de beperkingen en feedback te achterhalen.

Controleer gebieden waar de bot faalt tijdens het testen, zoals verkeerde interpretaties, gebrek aan aanpassing en generieke reacties.

6. Schalen en implementeren.

Nadat je chatbot is getest en opgepoetst, is het tijd om hem te implementeren. Alle platforms hebben eenvoudige integratiemethoden voor web, apps of berichtendiensten zoals Facebook Messenger, Slack, WhatsApp, enz. Controleer of de bot live beschikbaar is en volg de voortgang.

Je chatbot zal populair worden en je zult hem moeten schalen om hoge QoQ-gebruikersinteracties te ondersteunen. De meeste AI-gestuurde chatbots kunnen worden geschaald om grote hoeveelheden gebruikers te verwerken zonder dat ze steeds opnieuw moeten worden geprogrammeerd. Besteed dus aandacht aan de prestatiecijfers en de gebruikerstevredenheid waarmee de chatbot wordt gebruikt.

7. Observeer en verbeter de gebruikerservaring.

Monitor conversaties om hindernissen te identificeren, terugkerende problemen te loggen en te controleren of gebruikers om aanwijzingen vragen. We kunnen AI-chatbots updaten door te leren van hun eerdere conversaties, zodat ze na verloop van tijd slimmere en betere oplossingen worden.

Gebruikers vragen bijvoorbeeld vaak om een functie die je bot niet kan leveren en je wilt die mogelijkheid toevoegen om de gebruikersvreugde te vergroten. Verder zal de chatbot machine-learning algoritmes gebruiken om emotioneel en inzichtelijk slim te worden met context.

Een chatbot is een perfecte eerste technische uitdaging (zo niet een goed project om te beginnen bouwen met je nieuw verworven vaardigheden), maar het kan in het begin een beetje ontmoedigend zijn. Als je een chatbot wilt bouwen voor je werk of voor je plezier, de diversiteit en mogelijkheden van GPT-3 en GPT-4 maken het maken van echte conversationele AI vrijwel moeiteloos!

Een AI-ondersteunde bot die de vraag beantwoordt, de gebruiker betrekt en echte waarde toevoegt door zich te concentreren op de behoeften van de gebruiker en voortdurend te trainen om de bot flexibel te maken. Je chatbot kan uitgroeien tot een beste vriend als je maar een beetje creativiteit hebt, d.w.z. echt chat en natuurlijk aanvoelt.

HOOFDSTUK 9: CREATIEF SCHRIJVEN GENEREREN, VAN KORTE VERHALEN TOT GEDICHTEN.

Creatief schrijven is een brede en steeds groter wordende wereld waarin je complexe verhalen kunt creëren of via gedichten kunt zeggen wat je hartje begeert. AI kan worden gebruikt door een professionele schrijver of een beginner om ideeën te genereren om writer's block te doorbreken of om je te helpen bij het samenstellen van je conceptdocumentatie.

Stappen om AI te gebruiken als hulp bij het schrijven.

1. Start je creativiteit.

Creatief schrijven begint altijd met het moeilijkste deel - het creëren van die eerste vonk. Misschien heb je het onderwerp dat je wilt behandelen, maar het probleem is het schrijven ervan. AI maakt hier een enorm verschil. AI kan je een goede openingszin, een schets en een opzet geven om je creatieve proces te starten.

Als je een kort verhaal schrijft en je weet niet hoe dat moet, kun je in ieder geval je personages aan AI geven door ze kort te beschrijven, dialogen, scènes of hele openingszinnen om mee te beginnen, die je vorm kunt geven; het zal je in een mum van tijd uit de kast halen en de creatieve sappen laten stromen, zodat schrijven niet als een overweldigende taak overkomt.

2. Schrijf poëzie die bij je aanslaat.

Schrijven kan tegelijkertijd krachtig en intimiderend zijn, vooral poëzie. De essentie van een gedicht is vaak het ritme, de metafoor en de stem. Met zijn functionaliteiten kan AI je helpen om te experimenteren met verschillende stijlen, tonen en formaten om te ontdekken wat jouw grootste emotionele of thematische respons oproept.

AI kan poëzie genereren in vele stijlen, van haiku's tot vrije verzen en zelfs dichters die je bewondert. Het heeft geen zin voor mensen. Je kunt de AI vertellen welk thema of een paar woorden je in gedachten hebt en het zal regels formuleren zoals iemand die zinnen aan elkaar kan rijgen.

Je kunt bijvoorbeeld een gedicht over liefde, natuur of verlies oproepen en het zal verzen uitspugen die klinken als een bedachtzame dichter.

Stel je voor dat je een rijmend couplet wilt vinden over een mooie, vrolijke, warme zomeravond. De AI zou kunnen voorstellen:

"Zonnegloed zakt langzaam en zacht, werpt schaduwen waar bloemen vallen.

Je kunt deze ideeën altijd bijschaven en ontwikkelen of ze gebruiken om je reis naar poëzie te beginnen. De grens is de hemel en mensen kunnen AI gebruiken om poëzie te maken die emoties heeft met hun creatieve geest.

3. Verhalen vertellen / Fictie schrijven.

Een geweldige bondgenoot voor fictieschrijvers is AI, die ons kan helpen bij het schrijven van een concept van het verhaal door ons hilarische plotideeën te geven, helden te creëren en zelfs dialogen te bedenken. Denk aan de mogelijkheid om een minimale premisse te bedenken. Misschien wil je een detective die een mysterie oplost in een klein stadje, en AI kan je een complete schets geven en zelfs je eerste opzet beantwoorden.

Experimenteer met alle genres: romantiek, sciencefiction, fantasy en zelfs historische fictie, gewoon om te zien welke gedachten je op het lijf geschreven zijn. AI, die aan world-building doet? AI kan werelden en plaatsen geven om in te leven die echt aanvoelen.

Als je bijvoorbeeld je fantasy aan het schrijven bent en op zoek bent naar een nieuw soort wezen in die wereld die je hebt gecreëerd, kun je eenvoudig vragen om een door AI gegenereerde beschrijving van een drakenras. Het zal een IP produceren van de eigenschappen, gedragingen of achtergrondverhalen van je wezens.

De AI kan zelfs dialogen schrijven in de stijl van personages die jij karakteriseert, met begrip van de context [1]. Dit is perfect voor een soort Geluid in je schrijven van verschillende persoonlijkheden. Dit is iets wat je aan AI kunt vragen om een dialoog te bedenken tussen twee personages, zoals een wijze mentor en zijn opgewonden leerling, en het genereert reacties op basis van de persoonlijkheden die je hebt opgegeven.

4. Verfijnen en hulpmiddelen om schrijven te verbeteren.

AI is een geweldig instrument voor het verfijnen en versterken van je creatieve schrijven. AI kan je helpen om je gedichten of verhalen door te lezen en te verbeteren als je iets geschreven hebt.

Het kan synoniemen langs een definitie automatiseren, zinsherformuleringen voorstellen of zelfs verbeteringen in je schrijven aangeven. Soms heb je feedback nodig over je schrijven om het weer fris te zien. AI objectiviteit kan je de richtlijnen geven om je werk te bewerken zonder vooringenomenheid om het completer te maken.

5. Schrijversblok doorbreken.

We hebben allemaal dagen waarop de inspiratie wegvalt en het schrijven kan opdrogen. Gelukkig maken deze beproevingen, met wat hulp van AI, betere tijden. Als je in een dip zit en niet zeker weet wat je hierna moet schrijven, kun je [aan] AI vragen om je volgende alinea over te nemen, manieren te bedenken om je plot op te lossen en zelfs een gloednieuw idee te genereren.

Als je ideeën nodig hebt, kan AI je helpen (vul maar in: als je aan een fantasyroman werkt en wilt weten wat je nu moet schrijven? Misschien staat je hoofdpersoon bijvoorbeeld op een belangrijk kruispunt en zegt de AI: "Held ontdekt verborgen kaart met geheime schat, maar ook problemen.

Deze prompt opent nu een nieuw hoofdstuk in je schrijfproces.

6. Gerelateerde schrijfopdrachten en uitdagingen.

Voor schrijfjunkies en inspiratiezoekers kan de AI een aantal genre- of themaspecifieke schrijfopdrachten uitspugen. Heb je hulp nodig bij het schrijven van een dystopisch post-apocalyps of historisch verhaal? Vraag de AI gewoon om een prompt voor je te genereren. Je kunt AI ook gebruiken voor creatieve schrijfoefeningen: Schrijf zo of de schrijfstijl van een auteur en koppel twee verschillende genres.

Je kunt AI vragen om een schrijfopdracht voor mysterie en romantiek. Bijvoorbeeld: "Een detective heeft een voorliefde ontwikkeld voor de verdachte in deze moordzaak, maar hoe dichter hij bij het onderzoek komt, mogelijk is niemand op wie ze verliefd worden de andere kant van een stuk (twist). Deze prompt kan wat inspiratie doorsijpelen naar wat je nodig hebt om te huppelen en te springen om aan je volgende project te beginnen.

Een van de coole aspecten van AI voor creatief schrijven is dat het je creatieve rol als menselijke kunstenaar niet wegneemt. In plaats daarvan verbreedt het je mogelijkheden in de ogen van anderen en brengt het je van een nooit eindigende plek naar inspiratie. Of je nu een roman schrijft, een gedicht componeert of brainstormt over nieuwe ideeën om je gedachten te presenteren, AI biedt je het gereedschap en de vrijheid om je creativiteit tot het uiterste te drijven.

Het gaat er niet om je stem aan de kant te schoppen, maar om je in staat te stellen nieuwe gedachten te itereren en creatieve impasses te doorbreken, waardoor je met schrijven op plaatsen komt die je nooit voor mogelijk had gehouden. Geniet van de mogelijkheden en gebruik AI als je schrijfcoach die je volledige creatieve kracht ontsluit.

HOOFDSTUK 10: CODE SCHRIJVEN EN TESTEN MET GPT-3/4 IN DE SPEELTUIN.

OpenAI Playground is een prachtige interface waarmee je kunt spelen met GPT-3 aangedreven modellen of zelfs GPT-4 en testcode kunt schrijven. Er is de Playground; het maakt niet uit of je een newbie bent in programmeren of een pro die zijn codecreatieproces wil versnellen, het dient als een eenvoudige plek waar je code kunt genereren en vervolgens live kunt zien.

GPT-3/4 gebruiken om te coderen.

Als je de Playground voor de eerste keer opent, zie je een eenvoudige interface waar je tekst invoert en de AI met je aan de slag gaat. Het enige wat je hoeft te doen om te beginnen met het schrijven van code is GPT-3 of GPT-4 een natuurlijke taalinvoer te laten zien met daarin wat je wilt bereiken met je programmering.

Als je bijvoorbeeld een eenvoudige Python-functie wilt maken voor een if-instructie om een priemgetal te vinden, kun je zoiets proberen:

Schrijf een Python-functie die bepaalt of een ingevoerd getal priem is.

Binnen enkele seconden spuugt het model wat code uit nadat je hierom hebt gevraagd. Hier is een voorbeeld van wat de uitvoer zou kunnen zijn,

```
def is_priem(num):

 if num <= 1

  terug Onwaar

 voor i in bereik 2, int(num ** 0.5) + 1

  als num % i == 0

   geef Onjuist terug

   terug True
```

Met deze snelle uitvoer kun je meteen aan de slag zonder alles helemaal opnieuw te hoeven schrijven.

Speelplaats Code testen.

Het genereren van code is goed, maar testen is verplicht om de juistheid van de code te garanderen. Hoewel de Playground geweldig is, ontbreekt een directe omgeving voor het uitvoeren van code, dus je kunt de code niet op hun platform uitvoeren. Hoe dan ook, we zullen GPT-3/4 gebruiken om je te helpen met code die ergens anders live getest kan worden.

GPT-3/4 beheersen voor het testen van code.

Stap voor stap debuggen: als je code niet werkt, voer je die in de Playground in; GPT-3/4 vraagt wat je bedoeling is als je een stap voor stap hulp debuggen schrijft met behulp van de Playground.

Je kunt een vraag stellen als "Wat is de fout in deze Python-code en advies voor debuggen?", wat je naar nuttige correcties leidt. Een GPT-3/4 model kan de code inspecteren en een hint geven van wat er waarschijnlijk kapot is, zodat je veelvoorkomende fouten kent.

- Unit testen: Als je er zeker van moet zijn dat je code werkt, vraag GPT-3/4 dan om de unit tests te doen die je hebt gecodeerd.

Bijvoorbeeld, stel dat je een functie hebt gemaakt en vervolgens een dergelijke prompt aan GPT-3/4 hebt gegeven: "Schrijf nu unit tests voor is_prime functie in Python."

Dit kan ertoe leiden dat het model tests genereert zoals:

```
import unittest.

klasse TestPrimeFunctie(unittest.TestCase):

  def test_prime(self):

    self.assertTrue(is_prime(5))

    self.assertFalse(is_prime(4))

  def test_edge_cases(self):

    self.assertFalse(is_prime(1))

    self.assertFalse(is_prime(0))

if __name__ == '__main__':

  unittest.main()
```

Dit zorgt ervoor dat je code werkt met typische gevallen, dom gebruik en randvoorwaarden.

Code optimaliseren voor prestaties.

Wanneer je code werkt, kun je proberen om deze aan te passen. GPT-3/4 maakt je beter in het verbeteren van de prestaties in je code. Bijvoorbeeld, het eenvoudige "Optimaliseer deze python functie voor betere prestaties" kan cursussen opleveren om je code compacter, sneller of leesbaarder te maken.

Je code oppoetsen.

Naarmate je vordert met de code, kun je GPT-3/4 opnieuw gebruiken om deze te verbeteren. Vraag om tweaks in de structuur en toegankelijkheid of om je aan best practices te houden. Je kunt dan schone en efficiënte code maken terwijl je je functies en de feedback van de AI uitrolt.

Iteratief proces.

Een groot voordeel van GPT-3 / 4 in de Playground is dat je iteratieve code kunt schrijven. De AI helpt je om je code interactief te verfijnen door steeds weer nieuwe oplossingen uit te proberen en nieuwe inzichten te geven. Dit betekent uiteindelijk sneller, beter en slimmer coderen.

Ik heb een codevoorbeeld gemaakt met een tekstgeneratietool en ik wil het genereren van nieuwe functies testen of het gedrag van bepaalde functies wijzigen. Voor GPT-3/4 moet u de prompt wijzigen en het model zal een bijgewerkte code aanbieden die rekening houdt met uw nieuwe specificaties.

De ontwikkelaar meer mogelijkheden geven.

Beginners vinden de Playground een geweldige leerschool. Zo kun je spelen met coderingsconcepten en ervaring opdoen met coderen. GPT-3/4 leidt je stap voor stap door de syntaxis en de basisstructuren.

De Playground voor de Veteranen versnelt je ontwikkeling, omdat het alle monotone taken zoals het debuggen van code of het maken van oplossingen vrij snel uitvoert. Het biedt een robuuste AI-assistent die alles kan, van het omdraaien van boilerplate code tot het vereenvoudigen van ingewikkelde algoritmes.

Of je nu net begint of een ervaren ontwikkelaar bent die zijn proces probeert te optimaliseren, het toepassen van GPT-3/4 op Playground belichaamt de kracht die echt verandert hoe we coderen en onze code testen.

HOOFDSTUK 11: REACTIES CONTROLEREN MET MODIFIERS EN VOORBEELDEN.

Hoe meer je in OpenAI's Playground duikt, hoe meer je je zult realiseren dat het platform expertinstellingen biedt (vandaar dat je de uitvoer van het model kunt controleren). Modifiers: deze instellingen (modifiers genoemd) zijn geweldig; ze kunnen de uitvoer op fijnere manieren aanpassen. Ze helpen je om de antwoorden van het model dichter bij jouw specificaties te brengen wat betreft soort (toon), creativiteit, lengte of genre.

In dit hoofdstuk gaan we wat dieper in op enkele van de belangrijkste modifiers en hoe je ze effectief kunt gebruiken zodat je de responsstijlen kunt genereren die je wenst.

1. Temperatuur.

Een van de Crucial Debuggables is temperatuur. Deze tips hebben betrekking op de belangrijkste modificator. Het verandert de mate waarin het model reageert op willekeur of creativiteit. Je gebruikt het om de antwoorden zo af te stellen dat ze machinevoorspelbaar of creatief zijn.

- Lage temperatuur (0,0-0,3): als je dit te laag instelt, zal de uitvoer van het model meer gefocust/deterministisch zijn. Voor eenvoudigere antwoorden die geen verrassingen bevatten, is deze instelling bij uitstek geschikt om eenvoudig basis of op feiten gebaseerd te zijn.

Een lage temperatuur, bijvoorbeeld vragen om een definitie van "machinaal leren", zou een exact, op feiten gebaseerd antwoord opleveren.

- Hoge temperatuur (0,7 ~ 1,0): Deze instelling vraagt het model om creatief te zijn en verschillende mogelijke antwoorden te verkennen. Uitstekend voor creatieve gebruikssituaties (wat voor verhaal dan ook schrijven, ideeën genereren en gevarieerde inhoud).

Als je je model bijvoorbeeld vraagt om een plot te schrijven voor een kort verhaal bij een hogere temperatuur, zal het gevarieerder en zelfs fantastischer worden.

Het aanpassen van de temperatuur is hoe je de balans tussen creativiteit en perfectie verfijnt, zodat de dingen precies zo worden als je wilt voor datgene waar je naar streeft.

2. Max tokens.

Het aantal tokens dat het model mag produceren met één reactie. Dit is de limiet van wat het model kan produceren (aka hoeveel karakters, in kleine of grote termen als woorden).

Korte Max. Tokens: Als u te weinig antwoorden nodig hebt, stel dan de max tokens in op minder. Een laag aantal tokens zal resulteren in klare taal voor een snelle definitie of omschrijving.

Als je bijvoorbeeld alleen op zoek bent naar de definitie of samenvatting, zal een lagere max tokens waarde, bijvoorbeeld 1024, het antwoord kort maken.

E. Als je bijvoorbeeld vraagt om een kleine "korte beschrijving van het zonnestelsel", krijg je een snel antwoord (50-100 woorden) als je de tokens op maximums klein instelt.

- Lange maximum tokens: Als je langere vormen produceert, zoals artikelen, essays of rond een gedetailleerde beschrijving, dan is een hogere tokenlimiet Lange waarden.

Voorbeeld: Een "Uitgebreide Persoonlijke Financiën 101" verzoek met de maximale tokens ingeschakeld zal een uitputtend, langer, meer op details gericht antwoord genereren.

De instelling max tokens kan beheren hoe kort of lang je denkt dat je antwoorden moeten zijn, wat handig is om de stream of consciousness af te zwakken.

3. Top_p (Nucleus Sampling)

Top_p regelt de mate van willekeur in reacties op je modelwoordselectie en werkt over een beperkte set van hoogwaarschijnlijke volgende kandidaten.

Je krijgt meer gerichte en voorspelde uitvoer als je een lagere top_p waarde gebruikt, omdat het model uit minder alternatieven zal kiezen. Met een hogere top_p kan het model woorden kiezen uit een bredere selectie van mogelijke outputs, wat kan resulteren in creatievere en gevarieerdere outputs.

- 0,1-0,3 Lage top_p: gebruikt om het model in te stellen op de meest waarschijnlijke woorden uit de beschikbare om het antwoord coherenter en minder verrassend te laten klinken. Dit werkt meestal voor meer logische of feitelijke taken.

Voorbeeld: Een wetenschappelijk gesprek of technische details vereisen met een lage top_p zou resulteren in een doordacht antwoord dat duidelijk & koud, hard feit is.

- Hoge Top_p (0,7 tot 1,0): Top_p = maakt de vernauwing van opties nog losser en geeft het model meer ruimte om te zoeken naar woorden of ideeën. Dit is super geweldig voor creatiever werk (zoals het schrijven van fictie of het bedenken van rare oplossingen voor problemen).

Voorbeeld: Je vraagt om een "drakenverhaal" top_p hoog ingesteld; het resultaat zal ver buitenissig en geïnspireerd zijn.

Top_p en temperatuur geven je heel goede controle over hoe creatief of gestructureerd het antwoord moet zijn.

4. Frequentie Straf en Aanwezigheid Straf.

Deze twee instellingen helpen bij het beperken van de herhaling van antwoorden in het model:

- Frequentie Straf: Een modifier om de kans te verkleinen dat het model simpelweg dezelfde woorden herhaalt. Hoe hoger, hoe minder hetzelfde woord of zinsdeel zal worden gebruikt in een reeks (aka penalty).

Als je bijvoorbeeld een gedicht schrijft of vrij schrijft en het model blijft steken in het herhalen van dezelfde begrippen, dan zal een verhoging van de frequentiestraf in het +ve-gebied zorgen voor meer divers taalgebruik van het model.

- Aanwezigheidspenalty: Het tegenovergestelde van te dicht bij een vorig onderwerp blijven, dit zal het model stimuleren om nieuwe dingen te brengen. Een grotere aanwezigheidspenalty betekent dat het model ons meer aanspoort om nieuwe ideeën te ontwikkelen.

Voorbeeld: Als je het model vertelt om een verhaal over een reis samen te stellen, suggereert de aanwezigheidspenalty dat het model de reis anders weergeeft in plaats van herhaaldelijk dezelfde locaties of ideeën te bezoeken.

Dit helpt om dingen fris en divers te houden in langere uitvoerreacties / creatieve taken, die beide straffen zijn.

5. Stopsequenties.

Met stopsequenties kun je het model vertellen wanneer het moet stoppen met het uitspugen van tekst. Dit is vooral nuttig voor het beperken van de vorm en de uitvoerlengte. Je kunt een of meer stopsequenties opnemen, bijvoorbeeld een woord, korte zin of interpunctie, om aan te geven dat het antwoord is voltooid.

-Voorbeeld: Gebruik" END OF DIALOGUE " bij stopsequentie elke geeft aan het model aan dat hier de generatie moet eindigen op deze zin in een dialoog die je aan het schrijven bent.

Stopsequenties zijn fantastisch om te bepalen wanneer en waar de uitvoer moet stoppen, zodat de uitvoer binnen de door jou gedefinieerde ruimte blijft.

Deze instellingen zijn het meest nuttig bij het gebruik van geavanceerde instellingen en modifiers in Playground op OpenAI. Deze instellingen geven je precies wat je nodig hebt om de grenzen te verleggen tussen het goede daadwerkelijke antwoord en de creatieve/ fantasierijke reactie die je wilt.

Knutsel wat met temperatuur, max tokens, top_p en andere parameters en verbaas je over de verbeterde antwoorden. Hoe meer je speelt met deze geavanceerde instellingen, hoe meer controle je zult hebben over de fijnafstemming van de uitvoer van hoge kwaliteit.

HOOFDSTUK 12: GPT-3/4 INTEGREREN MET UW BESTAANDE CODEBASES EN ECHTE TOEPASSINGEN.

GPT-3/4 combineren in je huidige projecten en codebases in echte toepassingen is een van de meest effectieve manieren om projectmogelijkheden toe te voegen.

Je kunt gemakkelijk OpenAI-modellen integreren, of je nu werkt aan een webapp of desktopapplicatie (of een andere technische oplossing) en AI-gedreven functionaliteiten zoals natuurlijke taalverwerking, botmogelijkheden, codegeneratie, enz.

Hoe te beginnen met het integreren van GPT-3/4, voorbeeldscripts om je gebouw wat meer pit te geven.

1. OpenAI's API-credentials verkrijgen.

De eerste stap die je moet zetten, voordat je gaat integreren, is OpenAI API toestaan, een heel eenvoudig proces waarbij je je moet registreren voor een API-sleutel van OpenAI. Met die sleutel kun je vervolgens het model aanroepen, bijvoorbeeld (GPT-3 of GPT-4) met je favoriete programmeertaal.

De SDK's zijn beschikbaar voor officiële bibliotheken van OpenAI in de meest gebruikte programmeeromgevingen. De bibliotheken openai (Python) of openai-node (JavaScript) geven je een handvat om het model aan te roepen en de antwoorden te krijgen die je vervolgens in je code kunt verpakken.

Voor Python installeer je OpenAI bijvoorbeeld met pip package:

Pip install openai.

Daarna kun je jezelf autoriseren en beginnen met het aanroepen van de verzoeken om tekstuitvoer te krijgen, vragen te beantwoorden of ingebouwde AI-functionaliteit toe te voegen aan je bestaande app.

2. Het juiste eindpunt kiezen.

En met de OpenAI API wordt het kiezen van het juiste model voor jouw doeleinden belangrijk. GPT-3 en

GPT-4 hebben verschillende sterke punten, waardoor de keuze afhankelijk is van hoe je je model wilt gebruiken. GPT-3 is snel en ongelooflijk snel voor de meeste handelingen; GPT-4 levert meer precisie en complex begrip - vooral bij verder onderzoek of ingewikkelde uitvoeringen.

Je kunt de tekst-DaVinci-003 (GPT-3) of GPT-4 eindpunten gebruiken om tekst te genereren in je app (afhankelijk van of je acties relatief licht zijn). Houd rekening met aanvraaglimieten, latentie en de bijbehorende kosten bij het kiezen tussen modellen.

1. Integreer API-oproepen in uw codebase.

Nu gaan we API-oproepen toevoegen aan uw codebase. Dit kan worden gedaan door GPT-3 / 4 toe te voegen aan je app, bijvoorbeeld in back-end services, front-end gebruikersinterfaces of serverloze functies. Je kunt bijvoorbeeld wat gebruikersinvoer naar de API van de chatbot-app sturen en het AI-antwoord aan de gebruiker teruggeven.

Voorbeeld in Python:

import openai.

openai.api_key = "uw-api-key".

```
antwoord = openai.Completion.create(

engine="text-davinci-003", # Of gebruik GPT-4 voor
hogere nauwkeurigheid.

prompt="Vertaal 'Hallo' naar het Spaans,".

max_tokens=60

)

print(response.choices[0].text.strip())
```

Je back-end voert een prompt in prompts; luister naar de uitvoer van het model in dit geval met GPT-3. Dit kan worden uitgebreid met meer creatieve taken, zoals het maken van samenvattingen, het schrijven van productbeschrijvingen, het wisselen van tekst of het beantwoorden van vragen van klanten.

4. AI binden met Front-End componenten.

Het kan de UX verbeteren als de front-end AI-mogelijkheden mogelijk maakt in een webapplicatie. Als je bijvoorbeeld de FAQ-sectie op een website maakt, kun je GPT-3/4 gebruiken om antwoorden voor de gebruiker te genereren. Dit zou betekenen dat je AI dynamisch antwoorden kunt laten berekenen die relevant zijn voor gebruikersvragen, ter vervanging van het statische antwoord.

De integratie van GPT-3/4 in een React-app kan er bijvoorbeeld als volgt uitzien:

```
import React, { useState } from 'react';

importeer axios van 'axios';

const ChatBot = () => {

  const [userInput, setUserInput] = useState('');

  const [response, setResponse] = useState('');

  const handleInputChange = (e) => {

   setUserInput(e.target.value);

  };

  const handleSubmit = async () => {

   const result = await axios.post('/api/query', { prompt: userInput });

   setResponse(result.data.reply);

  };

  return (
```

```
<div>

<input

type="text"

value={userInput}

onChange={handleInputChange}

placeholder="Stel een vraag"

/>

<button
onClick={handleSubmit}>Inzenden</button>

<p>{antwoord}</p>

</div>

);

};

exportstandaard ChatBot;

-
```

In dit voorbeeld, hoe je de front-end een API-respons aanroept die gebruikersinvoer naar GPT-3/4 stuurt en AI's respons live ophaalt.

5. Huidige functies verbeteren met AI.

Een van de coolste dingen die je kunt doen met GPT-3/4 in echte applicatie-integratie is de mogelijkheid om bestaande functies te verbeteren. Als je applicatie bijvoorbeeld al veel gegevens verwerkt, kun je GPT-3 gebruiken om samen te vatten, te categoriseren of te analyseren.

Bijvoorbeeld Taken: Gebruikers voeren taken in in de Project management app. Je kunt GPT-3 gebruiken om te helpen bij het maken van beschrijvingen of zelfs om je takenlijst te repareren. In een e-commerce app kan GPT-3 bijvoorbeeld helpen bij het maken van productbeschrijvingen, of een klantenservicemedewerker kan handmatige antwoorden automatiseren om sneller antwoord te geven.

6. Testen en schalen van je integratie.

Testen is van vitaal belang wanneer je GPT-3/4 aan je app koppelt. Je moet controleren hoe snel de prestaties zijn en bevestigen of het antwoord van de AI moet voldoen aan de vereisten van de applicatie. Dit omvat het testen op edge cases, het uitvoeren van stress om te bepalen of je API veel verzoeken aankan en het optimaliseren voor prestaties.

Nadat je zeker weet dat de integratie werkt, is het schalen van de integratie klaar. Hoewel de API van openAI ladingen aanvragen aankan, moet je ervoor zorgen dat je backendservices de last van die meerdere API's goed aankunnen om verslechtering van de gebruikerservaring te voorkomen.

7. Zorgen voor ethisch gebruik van gegevens.

Bij het verweven van AI in echte levende toepassingen moeten privacy van de gebruiker en ethisch denken in de meeste klassen worden gecombineerd met integratie. Zorg ervoor dat gegevens die naar OpenAI's servers worden verzonden, voldoen aan uw bestaande privacybeleid en stuur gevoelige informatie niet onnodig door.

Verantwoorde AI-gestuurde toepassingen creëren niet alleen waarde, maar bouwen ook een vertrouwensrelatie op tussen jou en je gebruikers.

GPT-3/4 Gecombineerd met je oude codebase zal het wonderen doen voor je applicaties; geef ze gewoon meer intelligentie en interactiviteit met je apps. Je kunt de OpenAI-modellen gebruiken om chatbots te maken, gebruikersinterfaces te verbeteren of andere processen te automatiseren.

Als je deze AI-functies goed gebruikt, kun je de functionaliteit van je app verbeteren en meer interactieve, gebruiksvriendelijke ervaringen creëren.

HOOFDSTUK 13: MAAK JE EERSTE AI APP MET DE MODELLEN VAN OPENAI.

Het is begrijpelijk dat het maken van een AI-app een moeilijke onderneming lijkt, maar met de huidige toolset en hulpmiddelen kun je er gemakkelijk een bouwen. De app gebruikt de robuuste modellen van OpenAI, GPT-3 en GPT4, om te werken met tekstbegrip, tekstgeneratie, enz. Als je een chatbot, een hulp bij het schrijven van content of een AI-klantensupport-app bouwt, dan zullen deze modellen je bij allemaal helpen.

In dit hoofdstuk wordt uitgelegd hoe je je eerste AI-app maakt met de modellen van OpenAI.

Stap 1: Ken het doel van je app.

Voordat je begint met de technische details, moet iets duidelijk voor je zijn - wat wil je dat je app doet? Welk probleem los je op? Wie is je gebruiker? Als je het doel van je app hebt gedefinieerd, kun je afleiden wanneer dingen zoals OpenAI-modellen moeten worden geïntegreerd.

Je wilt bijvoorbeeld een chatbot voor je klantenservice die veelgestelde vragen kan beantwoorden en wat meer nuttige onderwerpen kan aanreiken. Als je dat van tevoren weet, kun je je richten op de functies en gegevens die belangrijk zijn in je app.

Stap 2: openai API-toegang.

Meld je aan om je API-sleutel te krijgen. De API-sleutel van de applicatie wordt gebruikt om verzoeken te verifiëren, zodat je op de juiste manier met de modellen kunt werken.

Stap 3: Kies uw ontwikkelplatform.

Je moet kiezen met welke tools en technologie je je app wilt ontwikkelen. Modellen via de OpenAI API kunnen alles zijn dat HTTP-verzoeken doet: programmeertaal, Python, JavaScript (Node.js), zelfs serverloze functies!

Laten we er voor dit voorbeeld van uitgaan dat je Python gebruikt.

Installeer de vereiste tools:

Python: Je machine moet Python 3.6 of hoger draaien.

OpenAI-pakket voor Python: Voer gewoon de

pip openai installeren

Stap 4: Uw eerste API-aanroep doen.

U moet de modellen van OpenAI kunnen aanroepen in uw AI-app, wat de kern is. We zullen een script schrijven om een eenvoudige API-aanroep te doen en de tekst te genereren. Die chatbot neemt gebruikersinvoer en genereert daarop een antwoord, zoiets als -.

importeer openai.

openai.api_key = "uw-api-key".

def ask_bot(vraag):

antwoord = openai.Completion.create(

engine="text-davinci-003", # of gpt-4 voor complexere taken.

```
    prompt=vraag,

    max_tokens=150.

)

return response.choices[0].text.strip()
```

Test de chatbot

```
print(ask_bot("Wat is de hoofdstad van Frankrijk?"))
```

Hieronder staat een basisscript dat het model van OpenAI bevraagt en het antwoord ontvangt. max_tokens bepaalt de lengte van het antwoord en je voert je vraag in de prompt in.

Stap 5: Ontwerp je gebruikersinterface.

Maak daarna een interface voor gebruikers met wie je wilt communiceren met je AI. Oplossing: Gebruik Python om een web- of mobiele app te maken. We zullen een eenvoudige webapp maken met Flask of Django als je Python gebruikt.

Voorbeeld van een eenvoudige, op Flask gebaseerde webinterface voor het maken van een bot!

Installeer Flask:

pip install flask

Maak een eenvoudige Flask app (app.py):

van flask importeer Flask, request, render_template.

importeer openai

openai.api_key = "uw-api-key".

app = Flask(__name__)

@app.route("/", methods=["GET", "POST"])

def home():

 if request.method =="POST":

  vraag = request.form["vraag"]

  antwoord = vraag_bot(vraag)

  return   render_template("index.html", answer=antwoord)

  return render_template("index.html")

def ask_bot(vraag):

 antwoord = openai.Completion.create(

  engine="text-davinci-003",

```
    prompt=vraag,

    max_tokens=150

  )

  return response.choices[0].text.strip()

Als __name__ == "__main__":

  app.run(debug=True)
```

Maak een index.html bestand voor de gebruikersinterface:

```
  <!DOCTYPE html>

  <html>

  <head>

    <title>Chat met AI</title>

  </head>

  <body>

    <h1>Vraag de AI alles! </h1>

    <form method="POST">
```

```
<input        type="text"        name="question"
placeholder="Stel een vraag" required>

<button type="submit">Vraag</button>

</form>

{% if answer %}

<h2>Antwoord: {{ answer }}</h2>

{% endif %}

</body>

</html>
```

Je kunt een vraag typen in een tekstvak, op verzenden klikken en het AI-antwoord bekijken in deze Flask-app. We bespreken de backend code die OpenAI's API gebruikt om een antwoord te krijgen, dat vervolgens wordt weergegeven op een webpagina.

Stap 6: Je app testen en verfijnen.

Na het implementeren van functionaliteit moet je nu je app testen en itereren. Dit is waar je op moet letten:

Is de interface makkelijk te gebruiken?

Zijn de antwoorden van de AI logisch en correct?

Foutafhandeling: Zorg ervoor dat je fouten in je app netjes afhandelt, inclusief fouten met ongeldige API-sleutels, netwerkproblemen of de AI die niet teruggeeft wat wordt verwacht.

Prestaties: Denk na over hoe je efficiënt veel API-aanroepen kunt doen als je app moet schalen.

Stap 7: Je app implementeren

Zodra je app lokaal is, is het tijd om hem te implementeren. Voor het web kun je diensten zoals Heroku, AWS of Google Cloud gebruiken om je app te implementeren. Voor mobiel kun je app stores zoals Google Play of Apple Appstore gebruiken om je app uit te rollen. Zorg ervoor dat je alles in de implementatieomgeving goed test voordat je de app uitrolt naar je gebruikers.

Stap 8: itereren en verbeteren

AI in de app is nog maar het begin. Je kunt de app blijven verbeteren met

- Antwoordkwaliteit verbeteren met behulp van prompts hard-fine-tunen.

- Meer functies toevoegen (spraakherkenning en andere API's toevoegen)

- Gebruikersfeedback verzamelen en de gebruikerservaring verbeteren.

Het bouwen van een AI-app in je OpenAI-model klinkt erg gaaf en cool. Door het bovenstaande te doen, kun je een relevante, intelligente applicatie bouwen die waarde toevoegt voor de gebruiker. Onbeperkte mogelijkheden zijn mogelijk met het aanpassingsvermogen en de kracht van OpenAI-modellen, of je nu een chatbot, assistent, bots of eigenlijk iets anders met AI bouwt.

CONCLUSIE.

Nu we dit avontuur van het verkennen van de OpenAI Playground afsluiten, kunnen we begrijpen dat we nog maar aan de oppervlakte zijn gekomen van de oneindige kracht van OpenAI modellen.

Vanaf het moment dat je de Playground betreedt, ben je niet langer in dialoog met een tool, maar eerder de speeltuin van oneindige creativiteit, oplossen en innoveren.

Stel dat je basistoepassingen maakt en wilt experimenteren met tekstgeneratie of je wilt verdiepen in de interessante details van AI-programmering. In dat geval is Playground je medium om ideeën vorm te geven, te boetseren en te bewerken op een manier die nog nooit zo eenvoudig is geweest.

OpenAI playground is anders en magisch omdat het eenvoudig te gebruiken en te implementeren is. Dat was waar AI ooit leefde, in de intellectuele high-tech laboratoria of exotische onderzoeksinstellingen.

De Playground is een kans voor zowat iedereen die verre van een ervaren ontwikkelaar is, om het uit te proberen met geavanceerde modellen zoals GPT-3, GPT-4 en Codex.

Het enige wat nodig is, is een onstuimige geest en je laat je nieuwsgierigheid niet bederven. Dit is een wereld waarin mensen van allerlei slag de mogelijkheden van kunstmatige intelligentie kunnen benutten en deel kunnen nemen aan de grote AI-revolutie die al aan de gang is.

Het meest ontzagwekkende aan de Playground is dat je er veel mee kunt doen. Met alleen maar schrijfopdrachten zijn de ideeën eindeloos: creatief schrijven, code, chatbots, educatieve toepassingen, noem maar op!

De echte truc is hoe ze die abstracties vertalen naar echte toepassingen voor verschillende use cases. Dit kan bijvoorbeeld het eenvoudigste (en toch moeilijkste) zijn waarbij je een vraag stelt en in ruil daarvoor een verhaal, een regel uit de code, een oplossing of zelfs een heel idee van een nieuw product krijgt, allemaal omdat de modellen zo aanpasbaar zijn.

Maar het is niet alleen de technologie. Nou, dat gebeurt met ons en deze technologie. The Playground dwingt ons om ethisch, bedachtzaam en voorzichtig om te gaan met AI. Uit de voorgaande hoofdstukken over eerlijkheid en vooringenomenheid, volstaat het om te zeggen dat verantwoorde AI-ontwikkeling belangrijk is.

De OpenAI-modellen zijn enorm, maar met talenten komen deze krachten met de plicht om ethisch en in het belang van iedereen te gebruiken. Wij, de makers, ontwikkelaars en gebruikers van deze technologie, zijn de collectieve rentmeesters ervan. Daarom is het creëren van eerlijkheid, transparantie en inclusiviteit in de modellen die we bouwen en uitbrengen cruciaal voor het creëren van een betere toekomst.

Wat net zo geweldig is, is dat Playground de weg vrijmaakt voor creativiteit. Met behulp van AI kunnen we nieuwe werelden, nieuwe oplossingsruimten en nog niet in kaart gebrachte expressiegebieden schetsen. Stel je voor dat GPT-4 poëzie schrijft (dialogen tussen personages om tijdens het schrijven een verhaallijn samen te stellen).

Het is niet langer iets voor kunstenaars, schrijvers of programmeurs; de dingen die ooit binnen de grenzen vielen, zijn dat nu niet meer. Kunst, literatuur en onderwijs zijn mogelijkheden die eindeloos zijn in het bedrijfsleven. OpenAI heeft de poorten gesloten naar een creatieve grens waar menselijke creativiteit zal bestaan en samenwerken met machines om het mogelijke te herschrijven.

Als je een ontwikkelaar bent en je wilt soortgelijke projecten die je echt kunt maken, dan is Playground de ruimte om te experimenteren en ideeën te testen voordat ze hun volledige vorm krijgen. Met toegang tot deze geavanceerde modellen (bijv. Codex) kunnen gebruikers beginnen met het schrijven en testen van code of zelfs met het bouwen van applicaties/automatiseringsprocessen via de conduit.

De Playground, met zijn live feedback en iteraties, is de beste plek om je vaardigheden te oefenen als je aan je eerste AI-app werkt of oude code aan het debuggen bent. De OpenAI Playground is wat deze plek zo speciaal maakt door het potentieel dat het oproept. Het is een broedplaats om je ideeën te voeden, ze aan te scherpen en je begrip van AI op één plek te laten groeien.

Elk experiment, elke nieuwe prompt, elk herontwerp brengt je een stap dichter bij het bezitten van deze technologie en het ten volle benutten van wat het kan doen. Of je nu met de Playground speelt voor je plezier, om te leren of voor zaken, je stelt mensen in staat om iets veel groters bij te dragen - het vormgeven van de toekomst.

In vrijwel alle sectoren van het leven, waaronder gezondheidszorg, financiën, media en onderwijs, wordt de realiteit van AI al ervaren. Maar wat AI echt revolutionair maakt, is niet het kunnen automatiseren van taken of het versterken van menselijke prestaties.

De ware kracht zit in de vonk die menselijke creativiteit aanwakkert en problemen oplost die we ons nog nooit hebben kunnen voorstellen om nieuwe grenzen te verkennen. Playground is de weg naar deze toekomst en iedereen, waar dan ook, kan zijn avontuur in AI beginnen.

Uiteindelijk is het verkennen van de OpenAI Playground niet alleen een handleiding voor het gebruik van AI-modellen. Het is een aanbod om nieuwe dimensies van innovatie, creativiteit en potentieel te betreden. Ongeacht de complexiteit van een app die je aan het bouwen bent, een meesterwerk dat je aan het creëren bent of je ontdekking van hoe (en hoe niet) AI elk aspect van het leven om ons heen kan verlevendigen.

The Playground geeft je toegang tot krachtige productiemiddelen en gratis mogelijkheden om je ideeën om te zetten in fysieke artefacten. AI is een grote glinstering in onze toekomst en jij hebt de sleutel tot die toekomst in handen als je OpenAI Playground gebruikt, dus leun niet achterover en kijk wat er gebeurt.

Serie

"Slimmere strategieën voor moderne bedrijven"

De open AI-speelplaats verkennen: Creativiteit ontketenen met AI

"Invloed van sociale media."

Vergroot uw sociale media-invloed op Facebook.

Je sociale media-invloed vergroten op YouTube.

Je sociale media-invloed vergroten op Instagram.

Je sociale media-invloed vergroten op TikTok.

Je sociale media invloed vergroten op Reddit.

Je sociale media invloed vergroten op Pinterest.

Je sociale media invloed vergroten op Twitter.

Je sociale media invloed vergroten op LinkedIn.

Kijk op Amazon voor meer boeken in deze collectie.

Auteur bio

Aaron is gepassioneerd door lezen en leren hoe je maximale winst kunt halen uit sociale media. Geïnspireerd door haar kennis en enthousiasme besloot ze haar inzichten te delen door te schrijven. Dit boek is nog maar het begin - er komen nog meer titels aan! Volg haar op Amazon om op de hoogte te blijven van toekomstige uitgaven.

Bedankt voor je aankoop! Je steun betekent echt de wereld voor me en ik waardeer het zeer dat je een gewaardeerd lezer bent.

God zegene je.

Aaron Cockman.